CREËREN NA MISBRUIK

HOE TE HERSTELLEN VAN TRAUMA EN DOOR
TE GAAN MET JE LEVEN

ALS AL HET ANDERE IS MISLUKT

DOKTER LISA COONEY

INHOUDSOPGAVE

Dit boek is opgedragen aan hen die met een 'onzichtbare kooi' op en om hen heen hebben geleefd en klaar zijn om die kooi af te werpen door te accepteren dat zij (jij) de sleutel zijn. Jij bent de sleutel om jezelf te bevrijden van alles en iedereen. Jouw keuze om niet het slachtoffer te worden van creaties die je verhinderen jouw ROAR te leven!

Nu, meer dan ooit, is het tijd om te creëren NA misbruik en ermee te stoppen toe te staan dat het verleden jouw toekomst dicteert. Wat als alles uit je verleden een posttraumatische groeimogelijkheid was? Dat is waar ik voor kies.

Ik ben voortdurend dankbaar voor Access Consciousness®, voor ThetaHealing™ en voor iedereen die nu en in het verleden heeft bijgedragen aan ROAR. En voor jou, de lezer! Laten we de wereld creëren waarvan we weten dat die mogelijk is!

DANKWOORD

Dit boek heeft een lange, lange ontwikkeling doorgemaakt. Ik besef nu dat ik echt moest 'beginnen' met het creëren van mijn leven, bestaan en bedrijf na misbruik. En het heeft me best wat tijd gekost om dat te doen. Ik ben dankbaar voor de golfbewegingen en voor dit boek dat me zo liefdevol heeft begeleid.

Ik ben mezelf erkentelijk dat ik het nooit heb opgegeven, en ook mijzelf niet. Ik ben zo ontzettend gedreven om een andere mogelijkheid te laten zien voor genezing en creatie na decennia van misbruik in al zijn vormen.

Wanneer mensen de kooi identificeren waarin en onder wiens juk ze hebben geleefd, beginnen zich nieuwe paradigma's voor genezing van misbruik en vervolgens voor creëren na misbruik, open te stellen.

Ik erken dat we allemaal een gave, een idee en een bijdrage hebben voor veranderingen en heling op deze planeet. Dit boek is daar een deel van voor mij. Ik heet je welkom bij jouw eigen creaties en hoop dat dit boek je daartoe ook zal aanzetten. Misbruik is niet het einde, het is een begin om je leven nu en als nieuw te creëren.

Dus ga ervoor, begin met creëren! Dat is hoe we misbruik elimineren. We stoppen niet, we groeien verder en leven trouw aan onszelf.

Welke andere keuzes zijn mogelijk? En hoe kun je dat nu kiezen?

INLEIDING

Af en toe komt er een boek voorbij dat onze hele werkelijkheid herdefinieert. *Creëren na misbruik* is zo'n boek. Ik ben blij dat je een exemplaar in handen hebt.

In een tijd waarin je geen krant kunt openslaan of naar het nieuws kunt luisteren zonder een verhaal te horen over een jongere die zelfmoord pleegt als gevolg van het misbruik dat ze hebben meegemaakt, is zo'n boek hard nodig. Het biedt dynamische hulpmiddelen en inspiratie om je echt verder te leiden na je misbruik.

In dit boek deelt Dr. Lisa Cooney op briljante wijze haar persoonlijke ervaringen van intens misbruik terwijl ze je laat zien dat er een weg is die je uit de kooi van misbruik leidt, dat je meer dan alleen een overlevende van misbruik kunt zijn, en een manier om een schitterend leven voor jezelf te creëren.

Ik ken Dr. Lisa via de Access Consciousness®-gemeenschap omdat ze een Gecertificeerde Access Facilitator is. Haar training in energy healing, spiritualiteit en bewustzijn, samen met haar werk in hypnotherapie, masters in counseling en doctoraat in psychologie - samen met haar moed, gevoel voor humor en compassie - maken haar de perfecte persoon om je bij de hand te nemen en samen dit pad te bewandelen.

Lisa ervoer als kind zo'n heftig misbruik dat het veel andere mensen direct zou laten stoppen met hun leven en een herhalende cyclus van slachtofferschap en misbruik zou creëren. Toch koos ze ervoor om niet op te geven.

Bekend met mijn persoonlijke ervaring met misbruik uit het verleden, vroeg ze me om een privésessie om haar eigen veranderingsproces op dit gebied in haar leven te versnellen. Wanneer ik een sessie heb met iemand, is mijn eerste vraag aan hen: "Als je hier iets uit zou kunnen halen, wat zou het dan zijn?" Zowel Lisa's antwoord als haar bereidheid om dat te ontvangen verrasten me.

Ik heb de afgelopen 14 jaar met duizenden mensen gewerkt. Dus ik heb deze vraag vele, vele malen gesteld. De meeste mensen die om grote veranderingen vragen, hebben een soort voorbehoud in hun wereld over hun bereidheid om het daadwerkelijk te ontvangen. Energetisch is het alsof ze het wel willen, maar ze willen dat iemand anders het aan hen geeft in plaats van het te kiezen.

Toen ik Lisa deze vraag stelde, zei ze: "Ik heb er genoeg van hoe het vroeger was. Ik heb er genoeg van om achteruit te lopen. Ik eis NU om vooruit te gaan met al mijn capaciteiten en mogelijkheden." En ik wist dat ze het meende. Ze had geen bedenkingen. Ze was er klaar voor om alles te kiezen en te ontvangen waar ze op dat moment om vroeg.

Dat is precies waar Lisa je voor uitnodigt om met dit boek te doen. Ze wil dat je het besef hebt dat ook jij verder kunt gaan met alles wat je bent, zelfs als je het ergste hebt meegemaakt dat deze realiteit je toe heeft geworpen.

Elk hulpmiddel gebruikend waar ze over beschikt door haar werk als doctor in de psychologie, in combinatie met de dynamische en pragmatische hulpmiddelen van Access Consciousness®, opent Lisa de deur voor je zodat je een totaal andere keuze hebt - ALS JE ERVOOR KIEST om daarheen te gaan.

Misbruik is in het beste geval geen gemakkelijk onderwerp om te bespreken, laat staan er een boek over te schrijven dat een dynamisch ander standpunt adequaat behandelt.

Dit boek lezend, hoop ik dat je kennis maakt met iets dat je perspectief op dit gebied zal opfrissen en vernieuwen en je ook een diepgaand nieuw bewustzijn geeft van wat er eigenlijk mogelijk is voor ons allemaal. Wat als dit het juiste moment is?

Dat gezegd hebbende, beste lezer, nodig ik je uit om te gaan lezen en te gaan 'Creëren na misbruik'.

Dr. Dain Heer
Houston, Texas
Mede-oprichter van Access Consciousness®
Best-Selling auteur, "*Being You, Changing the World*"

Dr. Lisa wil haar erkentelijkheid betuigen voor het krachtige en potente werk van **Access Consciousness™** en in het bijzonder voor de oprichter, **Gary Douglas**, en de mede-schepper, **Dr. Dain Heer.**

Het wereldwijde bereik van hun werk heeft oneindig veel mensen, lichamen, de aarde en de wereld voordeel gebracht.

Dr. Lisa is vervuld van dankbaarheid voor hun persoonlijke en professionele bijdrage. Dank u.

Ik heb een groot deel van mijn volwassen leven gezocht naar manieren om van misbruik te genezen.

Zoals de meeste mensen die ik ken die op zoek zijn om misbruik te helen, keek ik buiten mijzelf, zonder te beseffen dat ik zelf al de bron was voor mijn eigen heling. Ik heb altijd het gevoel gehad dat als ik nog een training zou volgen, nog een therapeut zou vinden, van nog een leraar zou leren, ik op magische wijze de sleutel zou vinden. Toch zit de sleutel tot helen van misbruik al in jou. De leugen die je tot nu toe hebt meegekregen is dat de heling iets is dat je buiten jezelf moet vinden.

Als je buiten jezelf op zoek bent geweest naar een antwoord, gaan we in dit boek een heel ander model verkennen. Ik ga je laten zien dat er een manier is om niet alleen verder te komen dan het verhaal van misbruik, maar ook om een leven te leiden dat 'Radicaal Springlevend' aanvoelt. Er zijn een aantal mythes die je wellicht gelooft over het transformeren van misbruik en dit boek gaat die ook uit de weg ruimen:

De eerste mythe is dat je het alleen moet doen. Als je gelooft in de 'overleversmentaliteit', dan ben je waarschijnlijk gewend om door te knokken en het allemaal alleen te willen doen. Een deel van het nieuwe paradigma van het helen van misbruik is erkennen dat je dat niet hoeft te doen.

De tweede mythe die je wellicht gelooft, is dat er geen keuze is. Hiermee bedoel ik geen keuze in jouw automatische acties en reacties die voortvloeien uit misbruik. Zoals ik consequent benadruk in het hele boek, is er altijd een keuze op elk moment. Het is alleen dat je je tot nu toe misschien niet eens bewust was dat je een keuze had, laat staan hoe je een andere keuze moest maken. Er is in deze wereld en in jouw leven niets belangrijker dan het kiezen van een betere mogelijkheid voor jou.

Mijn benadering is om datgene te benoemen wat niet op een directe, realistische en meevoelende manier is benoemd. Ik heb het over de vele vormen van misbruik die vandaag de dag nog steeds worden getolereerd en voortgezet.

Als ik het over misbruik heb, bedoel ik niet alleen de meer bekende vormen van fysiek en seksueel geweld. Ik heb het ook over de onderstroom van sociaal geaccepteerde manieren waarop we elkaar manipuleren, controleren en onderdrukken. Eigenlijk heeft misbruik vele gezichten. Dit houdt ook in de passief-agressieve wijze waarop we als het menselijk ras hebben geleerd om met elkaar te communiceren.

Iemand kan zeggen dat iets ok is, maak je er geen zorgen over, terwijl hij communiceert op een toon die impliceert dat het niet in orde is en dat je er later voor zult boeten. Of iemand zal je liefde en aandacht geven zolang je precies doet wat ze willen dat je doet en op het moment dat je iets zegt of doet dat ze niet leuk vinden, schudden ze hun hoofd, keren zich van je af en worden stil. Ze kunnen misschien zeggen dat je een keuze hebt, maar straffen je als je niet kiest wat zij in gedachten hadden.

Het gevolg hiervan is dat velen van ons, zonder dat ze het doorhebben, rondlopen in wat ik de 'Kooi van Misbruik' noem. De kooi, die we in dit boek zullen onderzoeken, is een soort 'onzichtbaar schild' dat overlevers van misbruik onbewust om zich heen dragen. Vaak hebben mensen die misbruikt zijn niet eens het besef dat ze dagelijks in deze kooi leven. Alles wat ze weten is een gevoel van beperking, een gevoel van zwaarte en dichtheid. De dingen voelen niet zo rooskleurig als ze zouden kunnen. En ze weten niet precies waarom. Sommigen geven chronische ziekte, depressie of iets anders de schuld.

Het maakt niet uit of het misbruik dat je hebt meegemaakt van seksuele, fysieke, spirituele, financiële of emotionele aard is, of dat het een enkele gebeurtenis was of een reeks incidenten. In al deze gevallen dragen we een diep gevoel van verkeerd zijn met ons mee dat van begin af aan misplaatst is. Het is van de dader, maar we nemen het aan als van onszelf. We creëren ons leven dan vanuit deze interne staat van verkeerd zijn. Het resultaat van dit alles is dat we uiteindelijk zoveel macht geven aan de pleger van de gewelddaad en heel weinig bewustzijn aan onszelf.

Als je misbruik hebt meegemaakt, heb je hoogstwaarschijnlijk strategieën geleerd om je te helpen omgaan met, tolereren en functioneren binnen die gewelddadige omgeving. Als je bijvoorbeeld werd verteld om je mond te houden als je begon te praten, zul je hoogstwaarschijnlijk hebben geleerd om minder te praten of alleen te praten als je zeker wist dat iedereen het goed vond. Of als, wanneer je gelukkig en echt opgetogen was, iemand je vertelde om een tikje zachter te doen en je te beheersen, dan kun je hebben geleerd dat gelukkig en opgetogen zijn verkeerd is of dat het mensen van streek maakt.

Metaforisch leren we onszelf te buigen, op te vouwen en te verminken om in de kooi te passen. We zullen bijvoorbeeld alleen gelukkig zijn als de mensen om ons heen gelukkig zijn, of we willen de dingen niet zien zoals ze echt zijn en in plaats daarvan doen alsof alles in orde is (zelfs als we weten dat dat niet zo is), of we geven de dromen en het verlangen op omdat andere mensen ons erom zouden veroordelen dat we ze hebben.

Totdat we ons bewust kunnen worden van de overtuigingen en beperkingen die we hebben aangenomen in deze kooi, zullen we het hele leven vanuit deze plek blijven aantrekken en beslissingen nemen vanuit deze plek.

- Als we geloven dat we niet goed genoeg zijn om van te houden zoals we zijn, dan zullen we mensen in ons leven toelaten die ons op dezelfde manier beoordelen of bekritiseren als onze ouders deden.
- Als we geloven dat er iets mis is met ons, zullen we mensen vinden die er hetzelfde over denken.
- Als we geloven dat er altijd nare dingen gebeuren als we gelukkig zijn, zullen we mensen aantrekken die bedreigd worden door ons geluk en ons ervoor straffen.
- Als we geloven dat alles wat er is gebeurd onze schuld was, zullen we mensen vinden die geen verantwoordelijkheid nemen voor hun acties en die geleerd hebben anderen de schuld te geven dat ze zich gedragen zoals ze zich gedragen.

Totdat we ons ervan bewust kunnen worden en eruit kunnen breken - en dat is wat ik je in dit boek laat zien - zullen we lijden. Het is pas wanneer we het bewust maken dat we kunnen beginnen met kiezen.

Dit proces vereist doorzettingsvermogen en vastberadenheid — wat ik graag een volharding van bewustzijn noem — om de kooi te erkennen waar je in hebt geleefd en die je tot nu toe in het eindeloze verhaal van misbruik, onvermogen en beperking als jouw realiteit heeft gehouden. Mijn doel is je te helpen beseffen dat je de mogelijkheid hebt om een nieuwe realiteit te creëren en ervoor te kiezen oude structuren en leugens, die je tot nu toe in de kooi hebben gehouden, af te werpen.

HOE DIT BOEK WERKT

Dit boek gaat je helpen om uit je onzichtbare kooi te stappen. Maar voordat je dat doet, moet je het onderkennen, omarmen en beseffen dat het er is. Mijn aanpak is te benoemen wat waarschijnlijk, tot nu toe, onbenoemd is gebleven voor jou. Zodra de kooi is benoemd, kun je hem zien. Je kunt de grenzen en de tralies ervan voelen, en je kunt eruit stappen.

Voordat je weet dat het er is, houdt het je erin en vormt het elke keuze, elke beweging, elke gedachte die je hebt. Het vormt je realiteit en de perceptie van jezelf. Als je je leven tot nu toe in de kooi hebt geleefd, heb je waarschijnlijk aangenomen dat dit je enige keuze was. Voor de meeste mensen met wie ik heb samengewerkt, leek het idee van keuze in eerste instantie eigenlijk verwarrend.

We hebben de mythe geloofd dat, omdat we misbruik hebben meegemaakt, ons leven voor altijd gevuld zal zijn met lijden. Je leven heeft je tot nu toe waarschijnlijk genoeg bewijs geleverd dat dit het geval is. Keuze is misschien niet eens iets dat je hebt overwogen. Toch gaat dit boek je niet alleen laten zien hoe anders te kiezen, het zal je ook de hulpmiddelen geven om dit te doen.

Je hebt misschien al een verschrikkelijke hoeveelheid tijd en energie geïnvesteerd in het proberen te herstellen van misbruik. Misschien heb je, tot nu toe, niet de gewenste resultaten gezien. Ik heb ontdekt dat veel hulpmiddelen en praktijken gaan over het repareren of genezen van jezelf en het terugkrijgen van iets dat je zogenaamd verloren hebt. Het traditionele therapiemodel leert ons dat je jezelf moet 'repareren' om vrij te zijn. Wanneer je dit model gebruikt, ga je ervan uit dat er iets mis is met je en zoek je naar oplossingen om het probleem op te lossen. Het wordt een bodemloze put waar je nooit uitkomt, omdat je je nooit vast of heel voelt. Misschien heb je gemerkt dat je in dezelfde kringen ronddraait, je afvragend of het ooit zal eindigen en wachtend op de dag dat je eindelijk genezen bent.

Als iemand met een doctoraat in de psychologie, zie ik de overtuigingen en de beperkingen van die overtuigingen over wat er nodig is om te genezen van misbruik, die vandaag de dag in de wereld van de traditionele psychologie gebruikelijk zijn. Maar ik kijk ook verder dan de beperkingen van het huidige paradigma van genezing van misbruik. Mijn uitnodiging aan jou is om me te vergezellen buiten de muren van het bestaande paradigma en in een nieuw paradigma van Radicaal Springlevend zijn.

Dit boek zal het oude paradigma van het omgaan met misbruik op zijn kop zetten. Je zult ontdekken dat je niets terug hoeft te halen of iets hoeft te repareren. In plaats daarvan zal ik met je delen hoe te kiezen vanuit een heel andere staat van zijn. Je zult leren de keuze te maken de daad of voortzetting van misbruik te beëindigen en niet langer toe te staan dat die ene daad, of reeks gebeurtenissen, je hele leven domineert.

Het model van Radicaal Springlevend Zijn dat ik in dit boek presenteer, vereist constante keuze en constant gewaar zijn. Het is een keuze om jezelf niet te definiëren door wat je is overkomen, een keuze waar dit boek je bij zal helpen om te maken, op elk moment van iedere dag. Wat ik hier met je deel, gaat verder dan zoeken naar snelle oplossingen of van de ene op de andere dag helen. Het is een voortdurende oefening in mindfulness, één waarbij je bewust wordt van keuze in jezelf in het huidige moment en klaar bent om nieuwe mogelijkheden te kiezen.

Ik ga de ervaring van misbruik verwoorden op manieren die waarschijnlijk nieuw voor je zullen zijn, door woorden te geven aan onuitgesproken gedachten, gevoelens en strategieën om ermee om te gaan. Het is niet anders dan het leren van een nieuwe taal. Maar als je het hoort, zul je waarschijnlijk een gevoel van opluchting voelen dat de deur zal openen naar een nieuwe manier om de wereld waar te nemen. Dit op zich kan een enorme verschuiving in je perceptie en realiteit creëren.

Veel van ons werk samen begint met het vergroten van je bewustzijn. In Deel Een zullen we kijken naar wat het is op innerlijk niveau, en onderzoeken wat ik de vier D's noem die er misschien voor hebben gezorgd dat je uitcheckt: Ontkennen, Verdedigen, Loskoppelen en Dissociëren. Ook zullen we enkele van de bekende emoties verkennen, zoals schaamte, boosheid, woede, verdriet en angst die samengaan met misbruikt zijn. In Deel Twee kijken we hoe misbruik je leven naar buiten toe blijft vormen en beïnvloeden, inclusief je gezondheid en lichaam, je relaties en seksualiteit, en je geld en carrière. En tot slot, in Deel Drie, zullen we kijken hoe we verder kunnen gaan na misbruik en naar een leven van Radicaal Springlevend Zijn.

We beginnen een revolutionair gesprek over hoop, dat je laat zien hoe je toegang kunt krijgen tot een nieuwe manier van leven. Je zult ontdekken hoe te veranderen, zodat je niet langer functioneert vanuit het oude kader van wat er voorheen was (het verleden), maar in plaats daarvan het leven ervaart vanuit een nieuwe staat van bewustzijn en gewaarzijn. Je zult in staat zijn om meer aanwezig te zijn en de bekende patronen van "uitchecken" te stoppen, wat in wezen een vorm van afwezig zijn is, in jouw leven.

We zullen al het bovenstaande ontdekken in de context van het verlaten van de grenzen van de kooi van misbruik en op weg naar Radicaal Springlevend Zijn, naar waar je nu een leven voor jezelf genereert en creëert dat alles te boven gaat wat je je maar kunt voorstellen.

** In het Engels: Denying, Defending, Disconnecting and Dissociating*

DEEL EEN: OPGESLOTEN IN DE KOOI VAN MISBRUIK

1

———

HOOFDSTUK EEN: DE ONZICHTBARE KOOI

Sta je 's morgens op en begin je de litanie te herhalen van dingen in je leven die niet goed zijn of die je gisteren verkeerd hebt gedaan? Dit zijn allemaal vormen van zelfoordeel — één van de kenmerken van de 'onzichtbare kooi'. Het ironische is dat het enige dat echt verkeerd is als je dit doet, is dat je jezelf veroordeelt.

Oordeel is een verraderlijke maar subtiele energie. Als je het tegen jezelf gebruikt, word je je eigen eeuwige gevangenbewaarder, gevangen in het ten onrechte geloven dat je wat mankeert, fout en waardeloos bent. Als je de hele tijd blijft denken dat er iets mis is, dan ga je creëren en manifesteren dat het zo is, zodat je kunt bewijzen dat je gelijk hebt, althans daarover.

Er is een deel in ons dat graag verifieert wat wij als negatief hebben beschouwd. Het is een vertrouwd gevoel waar we gewend aan zijn geraakt om dat "thuis" te noemen. De moeilijkheid met oordelen is dat het de vrijheid en het expansieve van grotere mogelijkheden niet toelaat. In plaats daarvan houd je jezelf klein en ploeterend tegen de stroom ingaand.

Het veroordelen achter je laten is een van de belangrijkste componenten om uit de onzichtbare kooi en uit de greep van misbruik te komen. In dit boek gaan we de oordelen onderzoeken die je jezelf en anderen oplegt, evenals de onbedoelde maar vaak directe resultaten als gevolg daarvan. Vervolgens ontdekken we manieren waarop je daarna verder kunt gaan, zodat je creëert vanuit het 'nu', in plaats van vanuit je eerdere ervaringen.

Ik ken het pad goed.

En je hoeft alleen maar het licht te volgen.

MIJN VERHAAL

"Is alles met je in orde?" vroeg ze me. Het leek een simpele vraag. Maar de waarheid was dat dat de eerste keer ooit was dat iemand het vroeg. Ik was toen 21.

Ik pauzeerde, overwoog haar vraag. Het antwoord was natuurlijk een duidelijke nee. Ik was echt niet in orde. En toen ik daar in het kantoor zat van mijn psycholoog voor gezinsgerelateerd geweld, vroeg ik me af of ik ooit wel in orde was geweest.

Het was een keerpunt, dat moment, ten eerste het begin van een fenomenale reis, niet alleen om mijn eigen misbruikproblemen te helen, maar ook om talloze mensen over de hele wereld te helpen om hetzelfde te doen. Het was alsof iemand eindelijk voorbij mijn façade keek, mijn sluier doorboorde. Ik kon me niet langer verbergen voor de pijn of het wegduwen. Ik begon voor het eerst in jaren te huilen. Ik had lang daarvoor geleerd dat het niet veilig was om te huilen. Het was iets dat ik niet zou aandurven om bij mijn moeder te doen; de gevolgen zouden veel te pijnlijk zijn.

Tot aan mijn keerpunt had ik in een onzichtbare kooi gewoond. Geen echte kooi, natuurlijk, een metaforische. Als je verstrikt zit in een misbruikpatroon in je leven, op dit moment, of dat bent geweest in het verleden, dan zul je waarschijnlijk wel weten wat ik bedoel. Het is iets waar de tienduizenden mensen die via mijn werk en mijn radioprogramma contact met me hebben gezocht, zich ook in konden vinden - de onzichtbare en vaak ondefinieerbare kooi die misbruik creëert. Het is uiteindelijk de stille onderdrukker waarnaar we onszelf van binnenuit definiëren.

Tot dan toe was mijn leven een tirade geweest van bijna nooit eindigend fysiek, emotioneel en seksueel misbruik. Het was zo'n beetje alles wat ik kende. Tegenwoordig kan ik mijn verhaal delen vanuit een totaal andere ruimte van heling, rekening houdend met het feit dat ik - hoewel ik me voldoende bewust ben van mijn emotionele triggers om anders te kiezen - soms nog steeds de hulpmiddelen en technieken moet gebruiken die hier worden aangeboden. Niets gebeurt van de ene op de andere dag en het is een continu proces.

Zoals veel kinderen die misbruik ervaren, kwamen de mijne vanuit verschillende kanten. Maar het waren mijn ervaringen met mijn moeder die veruit de grootste impact hadden. Toen we opgroeiden, werden we getraind om niets te zeggen over wat we dachten of hoe we ons voelden. Als we dat deden, werden we letterlijk geslagen en gepijnigd. Mijn moeders woede werd gevoed door een niet-gediagnosticeerde persoon-lijkheidsstoornis. Het is geen toeval dat ik later uitein-delijk psychologie studeerde en degene was die haar tenslotte diagnosticeerde.

Hoewel ik promoveerde, leidde mijn moeders perceptie van mij, en haar gedrag tegenover mij, ertoe te geloven dat ik op de een of andere manier dom was, en het was een geloof dat me mijn hele jeugd bijbleef. Geen enkel deel van mijn leven werd beschermd tegen haar patronen. Een voorbeeld was toen ik leerde schrijven. Mijn moeder sloeg me op mijn hoofd als ik niet binnen de lijntjes van het papier kon blijven. Haar houding ten opzichte van mijn leren hield in dat ik op school volledig introvert was. Je weet wel, het kind dat altijd aan het dagdromen was en alleen? Dat was ik.

Als ik denk aan mijn emotionele toestand van toen, dan zou de beste manier om het te beschrijven zijn, zeggen dat ik er geen had. Ik leerde al vroeg dat het veiliger was om me af te sluiten. Ik sprak zelden met iemand en was helemaal uitgecheckt. Zelfs toen ik mijn verbeeldingskracht gebruikte, was het altijd tegen mezelf. Ik zat in ons roodbruin stenen huis in Brooklyn naar de open haard te staren, me voorstellend dat de vlammen demonen waren die op me af kwamen om me aan te vallen.

De incidenten die mijn lessen en leren beïnvloedden, waren mild in vergelijking met sommige van de andere problemen waarmee ik werd geconfronteerd. In enkele van mijn moeders furieuzere momenten verloor ze zichzelf in een vlaag van woede en sloeg ze er letterlijk op los. Er waren momenten dat ze me aan mijn haar over de vloer sleepte. Ik plaste in mijn broek als ze dat deed. Mijn leven leek veel op dat van een dier in overlevingsmodus, voortdurend vraagtekens zettend bij zijn veiligheid van het ene naar het andere moment.

Zoals veel kinderen die in eenzelfde hachelijke situatie zaten als ik, fantaseerde ik voortdurend over doodgaan of weglopen van huis - alles om te ontsnappen aan de tirannie van mijn moeder. Ik lag daar te denken aan alle verschillende manieren waarop ik kon sterven. De enige reden dat ik mijn leven niet beëindigde, was dat ik te bang was om echt door te zetten. Mijn enige zelfmoordpoging kwam later in mijn leven toen ik probeerde me voor een bus te gooien, maar ik was niet succesvol. Het was alsof iets me terug had getrokken, ook al was er op dat moment niemand in de buurt. Dat moment was een van de belangrijkste wake-up calls die ik in het leven had – een die me op een reis naar genezen bracht en me na verloop van tijd in vele richtingen leidde. Ik promoveerde in de psychologie en werd uiteindelijk geleid naar het verkennen van alternatieve modaliteiten die zich bezighouden met de spirituele wereld, waaronder hypnotherapie, sjamanisme, Theta Healing en Access Consciousness®. Elk van hen gaf me hulpmiddelen en technieken om mijn bewustzijn te veranderen en op weg te gaan naar heel zijn.

Een van de meest belangrijke ontdekkingen die ik in dit genezingsproces deed, was het bestaan van de 'onzichtbare kooi.'

HET DEFINIËREN VAN DE KOOI

Ik zeg dat het onzichtbaar was, want hoewel ik erin woonde, een stille gevangene, was ik me er niet eens van bewust dat het bestond. Het kostte me tientallen jaren om het een naam te geven, laat staan om het om te vormen tot een boodschap die ik met de wereld kon delen. Toch, elke keer als ik sprak over de onzichtbare kooi met iemand die misbruik had meegemaakt, gleed een blik van herkenning, vaak opluchting, over hun gezicht. Misschien heb je zelf een vergelijkbare ervaring, op hetzelfde moment terwijl je deze woorden leest.

Je kooi is als een geest die voortdurend in je oor fluistert. Het fluistert als je uitdagingen hebt. Maar ook als het leven goed is, houdt het niet op. Feitelijk wordt het op deze momenten waarschijnlijk luider, omdat leven binnen de grenzen van de kooi je op een plek houdt die vertrouwd is. Er is een eigenaardig comfort binnen de grenzen van de kooi, hoe graag je er ook buiten wilt leven.

In de kooi leven is leven zonder een stem. Je kunt misschien spreken en functioneren in de wereld, maar er is een deel van je dat geïsoleerd is, tot zwijgen wordt gebracht en afgesneden van de realiteit. Een deel dat in je leeft, doods, futloos en gevoelloos.

De kooi verdraait ook elk punt van verbinding dat je in je leven hebt in iets destructiefs. Het houdt je buiten de mogelijkheden van wat je kunt ontwikkelen en creëren en beperkt je tot een 'geen-keuze realiteit'. De kooi is gebaseerd op gebrek, beperking en leugens. We stoppen ons geld en onze carrière, onze beslissingen over ons leven, onze relaties en al het andere in de kooi, en we handelen en reageren van daaruit.

We duwen mensen weg. We besluiten een zakelijke uitdaging die winstgevend kan zijn niet te kiezen. We wijzen relaties die ons op liefdevolle en positieve manieren kunnen ondersteunen af. We vragen ons af waarom we zelf-sabotage plegen, terwijl we eigenlijk functioneren vanuit datgene waar de kooi voor is ontworpen: vechten tegen het leven en "nee" zeggen vanuit een plaats van angst en beperkingen in plaats van het leven te omarmen en "ja" te zeggen vanuit een ruimte van expansie.

We trekken conclusies over het leven zonder zelfs maar vragen te stellen. We reageren vanuit onze ervaring van misbruik en houden de ervaring daardoor levend als resultaat. We kunnen bijvoorbeeld op straat langs iemand lopen die we nog nooit hebben ontmoet en ons onmiddellijk bedreigd en bang voelen en in shock raken, zonder dat we weten waarom. Het blijkt dat die persoon dezelfde eau de cologne op had die een misbruiker op had toen we een kind waren.

De pijn van het leven in de kooi kan zo groot zijn dat we er soms voor kiezen daar helemaal niet te wonen. In het ergste geval kan de dood voelen als de enige uitweg en kunnen we zelfmoord overwegen. Zoals velen die hun wil om te leven hebben verloren, was ik vaak omringd door anderen die zelfmoord pleegden. Dit ging door tot ver in de volwassenheid totdat ik een monumentale transformatie van mijn eigen problemen onderging.

Vaker, als we er niet voor kunnen zorgen dat het beest in de kooi weggaat, stompen we af of 'checken we uit' om de pijn te voorkomen. We doen dit uitchecken vaak de hele dag door, eigenlijk als een omhulsel van onszelf levend. We kunnen voedsel, alcohol, drugs of medicijnen gebruiken om nog grondiger uit te checken. We kunnen zelfs 'ongelukken' hebben - soms kleine, zoals in onze vinger snijden met het mes terwijl we tomaten snijden voor salade, of tegen iemand op de parkeerplaats aanrijden, en soms erger. Deze dingen kunnen gebeuren omdat we onszelf, op een onbewust niveau, saboteren en proberen onze eigen aandacht te trekken - om onszelf wakker te maken. Zodra we stoppen met ons te gedragen als een afwezige versie van onszelf en ons afstemmen op wie we werkelijk zijn, hoeven we dit gedrag niet langer voort te zetten.

Vanuit deze plaats van gevoelloosheid en ontkenning creëren we nog een andere laag boven op onze bestaande realiteit. De wereld buiten de kooi vormt zich rond de perceptie van degene die erin leeft, en hoe meer de innerlijke wereld vervormt, hoe meer onze perceptie van onze buitenwereld volgt. Een ander filter gaat over de hele wereld en vervormt het nog meer. We gaan in ontkenning. We verbreken het contact met alles wat vlak voor ons ligt: relaties met mensen, geld, zelfs onze relatie met de aarde raakt verknipt vanuit de kooi zelf. We verdedigen de realiteit die we hebben gecreëerd, omdat het vanuit de kooi logisch is om dit te doen, ook al kunnen we logisch gezien niet uitleggen waarom.

Een van mijn deelnemers aan het radioprogramma beschreef het als volgt: "Ik ben net verhuisd naar een plek waar ik van hou, met een persoon van wie ik hou, en toch word ik elke dag verdrietig, bang en niet in staat om iets te doen."

Dit is wat het is om in de kooi te leven. Het wordt een wrede grap dat, wat we ook veranderen in onze externe realiteit, ons referentiepunt hetzelfde blijft. We zeggen tegen onszelf: "Hier is iets geweldigs waar ik van hou. Hier is een nieuwe mogelijkheid. Maar dat kan ik niet hebben, omdat ik leef vanuit de angst van wat er eerder is gebeurd."

DE ANTI-JIJ

Ik noem wat vanuit de kooi is gecreëerd de 'anti-jij', want als je zo leeft, ben je gewoon niet meer jezelf – de echte jij. Je bent een versie van jezelf, maar niet je ware zelf. Bijvoorbeeld, toen ik overgewicht had (fysiek zwaarder, emotioneel, mentaal en spiritueel), was dat een versie van mezelf. Terwijl ik dit werk op me nam, dat ik met je deel en het gewicht 'losliet' (alle aspecten van mezelf verlichtend), kwam ik dichter bij mijn waarheid - mijn ware zelf. Je lijkt misschien niet eens op jezelf omdat de kooi ook een masker heeft. Misschien voel je het over je gezicht komen als je je bedreigd voelt, of je draagt het zelfs de hele tijd, als een harnas dat je beschermt tegen de buitenwereld.

De 'anti-jij' heeft zoveel lagen dat het kan voelen alsof je dood bent. Alles wat je vanaf deze plek waarneemt, is geboren uit beperking en gebrek. In plaats van te leven vanuit je creatieve vermogen, lijkt wat je ook doet af te stoten en terug te kaatsen. Je kunt proberen om relaties te hebben vanaf deze plek, maar het kan voelen alsof je er middenin staat, bezig de zelfdestructie-knop in te drukken. Het is bijna alsof je leeft vanuit de behoefte om jezelf en alles om je heen te vernietigen. Op die manier voelt het beter. Het is alsof je innerlijk nabootst wat er ooit in je buitenwereld is gebeurd.

Wanneer de anti-jij wordt geactiveerd, bevind je je in wat ik 'de ruimte van misbruik' noem. Als je aandachtig bent, kun je dit misschien zelfs voelen in de energetische structuur van je hersenen. Voor mij bevindt het zich voor de pijnappelklier en hypofyse in mijn hersenen - ik kon het letterlijk voelen als het werd geactiveerd - een dichtheid en zwaarte daarbinnen die een nagalm door mijn autonome zenuwstelsel stuurde en me voorbereidde op vechten, vluchten of bevriezen.

Als we in de ruimte van misbruik zijn, gaat alles veranderen wat voor ons ligt in het oude misbruikverhaal. Het draait om wat er in de buitenwereld gebeurt op zijn kop. We zien dingen waarvan we overtuigd zijn dat ze waar zijn, zelfs als de mensen om ons heen ze ronduit ontkennen. Wat waar lijkt, kan onwaar zijn, en vice versa. We vertrouwen mensen die niet te vertrouwen zijn, en vertrouwen mensen niet die we zouden kunnen vertrouwen. Er kunnen mensen in ons leven komen die alle dingen vertegenwoordigen waar we van hebben gezegd dat we die willen ontwikkelen en manifesteren, maar we duwen ze weg omdat contact met hen betekent dat we buiten de kooi leven en we voelen ons ongemakkelijk om dat te doen.

We merken dat de buitenwereld ons voortdurend en consequent herinnert aan een element van het misbruik - een blik op het gezicht van onze geliefde, een gevoel alsof we in de steek zijn gelaten, een suggestie dat we iets hebben gedaan dat misschien niet goed genoeg is - en we zijn weg, terug in de ruimte van misbruik. Onze realiteit keert om en alles draait om hoe slecht we ons voelen. Alles voelt alsof het onze schuld is. We trekken ons nog verder terug achter de tralies, op zoek naar veiligheid, maar wat we eigenlijk vinden is verdere isolatie.

De kooi wordt een plaats van oordeel over het verkeerde aan ons. We dragen dit gevoel van fout zijn, dat toebehoort aan onze daders, maar dat we op ons nemen als het onze. Door dat te doen, geven we onze macht aan onze dader en nemen we bewustzijn van onszelf weg. We beseffen niet hoezeer we iemand anders aan het zijn zijn of reageren op hetgeen zij ons hebben geleerd. Het wordt op dat moment een geautomatiseerde reactie. We zijn gedwongen om het te doen, omdat we de realiteit van anderen overnemen alsof ze van onszelf zijn.

Je hebt misschien ook gemerkt dat wanneer je leeft vanuit de kooi van misbruik, het weerklinkt door alle andere gebieden van je leven. Wanneer je de wereld filtert door de lens van misbruik, wordt meer ervan tot je aangetrokken. Je hebt misschien ontdekt dat dit leidt tot meer zelfbeschuldiging. Misschien heb je zinnen gehoord zoals: "Je creëert je eigen realiteit." En wanneer het zichzelf voortdurend herhaalt en je niet weet hoe je het moet stoppen, draagt het bij aan het gevoel dat er iets mis met je is.

Dat is zeker hoe ik me voelde als kind, toen misbruik vanuit zowat elke mogelijke hoek op me afkwam. Datzelfde gevoel ging door tot in de volwassenheid terwijl het misbruik zich op verschillende manieren bleef voortzetten.

Er is een onderliggend gevoel dat je nooit de kracht zult zijn waarvan je weet dat je dat echt bent. Alles wat je doet als je functioneert vanuit deze doodsheid voorkomt dat je radicaal springlevend bent, omdat je nooit volledig onder deze kooi vandaan kunt komen, wat je definieert als jouw verkeerd zijn. Als ik moest beschrijven wat de kooi echt doet, houdt het je in de eeuwigdurende lus van "Ik heb het mis. Ik ben fout, ik ben fout, ik ben fout, ik ben fout." Wanneer je vanaf deze plek functioneert, zul je altijd het slachtoffer worden van alles.

DAGBOEKOEFENING: LEVEN VANUIT EEN VERLEDEN VAN MISBRUIK

Wanneer we niet verbonden zijn met onze natuurlijke goedheid, ervaren we een soort verwrongen werkelijkheid.

Schrijf jouw top 5 van conflicten en uitdagingen op. Hoeveel daarvan kun je identificeren als afkomstig van een gevoel van verkeerd zijn?

WAAR JE NAAR UIT KUNT KIJKEN - VAN DE LEVENDE DODE...

Velen van ons hebben geleerd om in een staat van doodsheid te leven, in plaats van radicaal springlevend. Hoe kunnen we allemaal levend dood zijn? Een manier is het uitstellen van de dingen waarvan we weten dat als we ze gewoon zouden doen, ze licht zouden brengen in ons bestaan. De reden dat we deze dingen niet doen, is dat we door het misbruik geleerd hebben te geloven dat er iets inherent mis met ons was. Je werd geprogrammeerd om te geloven in jouw verkeerd zijn en wat je ook doet, je hebt altijd het gevoel dat je fout zult zijn.

... NAAR RADICAAL SPRINGLEVEND

Als we in een waas rondlopen, hebben we het gevoel dat we geen keuze hebben. Maar zoals ik in dit boek vaker heb gezegd, is een van de meest waardevolle dingen aan ons vermogen om te kiezen. Wat als we er allemaal voor kiezen om te stoppen met levend dood te zijn, op de automatische piloot en in een waas van onze destructieve gewoonten? Wat als we eigenlijk losbreken uit de kooi van misbruik door te erkennen dat we in een kooi leven? Wat als we consequent actie ondernemen om de tralies van de kooi op te lossen en over die brug te lopen naar radicaal springlevend leven?

Als iets je wakker schudt, kun je ervoor kiezen om iets anders te doen. Wanneer je iets omarmt en belichaamt, word je het. We kunnen ervoor kiezen om een andere realiteit te belichamen als het op misbruik aankomt. We kunnen allemaal de katalysatoren zijn om misbruik van deze planeet uit te bannen en uit te roeien. Ik heb het niet alleen over seksueel misbruik. Ik heb het over alle misstanden: fysiek misbruik, mentaal misbruik, emotioneel misbruik, financieel misbruik, zelfmisbruik. Er zijn geen criteria die zeggen dat het ene misbruik erger is dan het andere. Het leidt allemaal tot hetzelfde einde - het berooft je van je levendigheid. En zolang we deze realiteit blijven herhalen en onze daders de schuld blijven geven van alles wat we graag zouden willen doen, maar niet doen, houden we misbruik in leven.

Wat als de grootste leugen en de grootste ziekte op deze planeet eigenlijk het oordelen van jezelf was, het misbruik van jezelf, de zelfdestructie en het verbergen van het wezen dat je werkelijk bent?

2

―――

HOOFDSTUK TWEE: DE 4D'S*

Als je denkt aan een kooi in de vorm van een vierkant, zijn dat de vier muren die de tralies vormen. Het zijn de muren die je ingesloten houden in misbruik. Wanneer je in een doos zit, kun je niet echt iets anders ontwikkelen of genereren dan wat er in de ruimte van die doos zit. Op die manier keer je het misbruik naar binnen en word je je eigen dader en slachtoffer tegelijkertijd.

ONTKENNEN, VERDEDIGEN, LOSKOPPELEN EN DISSOCIËREN

Elk van de 4D's - ontkennen, verdedigen, loskoppelen, dissociëren - vertegenwoordigt een unieke 'muur' van de kooi. Dit zijn zelf gegenereerde mechanismen die we hebben gebruikt om met het misbruik in ons leven

21

om te gaan. Het begrijpen van de 4D's is als het accepteren van de structuur van de onzichtbare kooi waarin je tot nu toe hebt geleefd. Het doel van dit boek is om die structuur af te breken. Dit begint met bewustwording over hoe de 4D's je opgesloten hebben in je huidige model van de werkelijkheid.

*Denying, Defending, Disconnecting, Dissociating

#1 ONTKENNING

Ontkenning is de eerste van de 4D's. Het vindt plaats op een aantal niveaus. Het is niet specifiek ontkennen dat de gebeurtenis plaatsvond. Dit kan natuurlijk gebeuren, maar als het gebeurt, is het vaak het onderbewustzijn dat wat er is gebeurd in compartimenten gaat verdelen om het aan te kunnen. Het soort ontkenning waar ik het over heb, is leven vanuit je hoofd en loskoppelen van je lichaam. Ik noem het je lichaam van je wezen scheiden.

Wanneer je je lichaam scheidt van je wezen, dan zou je kunnen ontdekken dat je heel vaak het gevoel hebt buiten je lichaam te wonen. Dit is wat ervoor zorgt dat degenen die zijn misbruikt afwezig of ver weg lijken. Het is een overlevingsmechanisme. Het zou kunnen zijn aangeleerd tijdens het misbruik, toen je ontkende wat er gebeurde om ermee om te kunnen gaan. Nadat het misbruik, de daad, is afgelopen, gaat de ontkenning op een aantal niveaus door. De manier om uit de ontkenning te komen, is door terug in je lichaam te komen. Maar eerst wil ik de vele verschillende manieren onderzoeken waarop ontkenning zich kan manifesteren.

Fantasie

Fantasie is een manier waarop we ontkenning creëren als we zijn misbruikt. We creëren fantasiewerelden als alternatief voor de realiteit waarin we leven. Als reactie op mijn eigen opvoeding van gewelddadig misbruik, creëerde ik een levendige en vitale fantasiewereld waar alles mooi was. Het was als een utopisch ideaal en op een bepaald niveau geloofde ik dat ik alles kon doen. Ik was er zeker van dat ik een soort supermacht had. Dit is waar de waanideeën over grootsheid die vaak gepaard gaan met de serieuzere aspecten van de 4D's en die meer impact hebben, zoals dissociatie, beginnen. In de kindertijd betekent fantasie dat we kunnen ontkennen wat er echt is en ons terugtrekken in onze denkbeeldige werelden.

Tijdens mijn herstel moest ik kijken hoe ik fantasie had verdraaid en samengevoegd met de werkelijkheid. Ik verafgoodde bijvoorbeeld mijn vader en zette hem op een voetstuk. Hij was mijn held - briljant in zaken en geld verdienen, en een heleboel plezier om mee te beginnen. Dit was in tegenstelling tot mijn moeder die ik haatte, omdat als hij thuiskwam, het enige wat ze deden was vechten en ze duwde hem weg. Waar ik toen nog niets over wist, waren zijn ontrouw, zijn drugsgebruik of zijn alcoholmisbruik. Uiteindelijk begreep ik dat alles wat niet in deze realiteit zit, een fantasie is. Leven vanuit die fantasie kooit je in ontkenning en verdraait de realiteit om je heen zelfs nog verder.

Een voorbeeld van hoe mensen zich terugtrekken in een fantasiewereld is geloven dat hun leven perfect zal zijn zodra ze de loterij hebben gewonnen. Ze kunnen zich zelfs terugtrekken in een toekomstige fantasie van alle dingen die ze zullen doen als de loterij al is gewonnen. Hoewel dit voorkomt bij veel mensen die niet zijn misbruikt, kan deze neiging om zich terug te trekken in een toekomstige fantasie en buiten het huidige moment te leven, sterker zijn vanuit de kooi en vormt het een groot deel van ontkenning.

Alles wat we creëren in fantasie en niet manifesteren in de realiteit, beperkt ons uiteindelijk. In onze fantasiewereld creëren we de carrière die we willen, de relatie die we willen, de auto waarin we willen rijden, waar we willen wonen. Alles is daar prachtig. Onze realiteit steekt daar dan in schril contrast bij af. We ontzeggen onszelf wat we echt willen - misschien door nooit actie te ondernemen of een concreet plan te maken - maar we zijn ook niet aanwezig bij wat we momenteel hebben. We kunnen het noch accepteren noch waarderen. Dus de ontkenning manifesteert zich op tal van niveaus.

Twee niveaus van ontkenning

Afhankelijk van de ernst van de trauma- of misbruikproblemen waarmee een persoon te maken heeft, zal ontkenning zich op twee niveaus manifesteren.

1) Het in- en uit de ontkenning stappen: Als dit voor jou het geval is, dan heb je het gevoel dat je soms in de echte wereld leeft en andere keren in fantasie. Je wordt ergens door getriggerd, en je gaat terug de kooi van ontkenning in. Het kan zich voordoen op belangrijke gebieden van je leven, zoals geld, relaties of gezondheid.

Als je in deze eerste groep valt, dan heb je tot dusver misschien hard gewerkt aan je misbruikproblemen. Misschien heb je al begrepen dat je getriggerd kunt worden als je het gevoel krijgt opgesloten te worden. Misschien ben je in staat met de spanning van de kooi om te gaan. Het overvalt je niet langer op de gebruikelijke manieren als voorheen, en je hebt nog steeds macht. Je weet dat het mogelijk is om te veranderen en je doet wat je kunt om dat te doen. Er zijn echter nog enkele overblijfselen van de kooi over.

2) De hele tijd leven in ontkenning: Deze groep bouwt vaak een ondoordringbaar fort om hen heen. De kooi is alles wat ze weten. Ze kunnen de wereld erbuiten niet ervaren of hebben er geen besef van. De muren van de kooi zijn sterk gedefinieerd en ze komen nooit naar beneden.

Voor deze groep wordt de werkelijkheid gevormd en verdraaid van binnenuit het fort. Dit was het geval voor iemand die me een Facebook-bericht stuurde dat ze suïcidaal was vlak voordat ik een klas zou gaan geven. Voor deze specifieke persoon waren de muren van de kooi erg dicht. Het was me duidelijk dat ze opgesloten zat. Het komt met het gevoel dat alles eindig is. Vaak is er de conclusie dat er maar één keuze is.

Ontkenning overzetten naar iets anders

Ik heb ooit met een dame gewerkt die verkracht was. Ze vertelde me dat ze niet zo overstuur was omdat ze 'seksueel misbruikt' was, maar dat ze meer van slag was dat haar jas tijdens de verkrachting was geruïneerd en dat ze geen andere kon kopen. Het valt je misschien op dat ze naar de verkrachting die ze had meegemaakt, verwees als seksueel misbruik, wat een andere laag van ontkenning is.

Ik begreep meteen dat ze in ontkenning was. Het zou makkelijk zijn om haar te veroordelen toen ze zei dat het over de jas ging. Wat ik begreep, is dat het voor haar over de jas ging. Ze had de woede op de jas geprojecteerd en ze had het geld niet voor een andere jas. Dit was de vorm van haar ontkenning - haar geest concentreerde zich op wat er met de jas gebeurde, niet op wat er met haar gebeurde.

Een van de sleutels tot het begrijpen van ontkenning is erkennen waar je bent. Vaak worden mijn klanten en workshopdeelnemers zich bewust van het feit dat ze in ontkenning hebben geleefd en het kan in eerste instantie nogal een schok zijn. Jezelf ontmoeten waar je bent, zal je openstellen om elke ontkenning die je hebt meegemaakt af te breken.

DAGBOEK OEFENING: DE GEBIEDEN VAN ONTKENNING ONTDEKKEN

Fantasieën kunnen verhalen zijn die we verzinnen over een situatie om te bewijzen wat we denken - en hoe we iets zien als waar (terwijl het eigenlijk een leugen is), dus we blijven ontkennen.

Denk na waar je je hebt teruggetrokken in fantasie in plaats van in het huidige moment te leven. Wat voor fantasieën creëer je in je hoofd? Wanneer ben je begonnen ze te bedenken? Welk doel dienen ze?

Wat is het niveau van ontkenning van waaruit je opereert? Leef je 24/7 in ontkenning of word je in en uit ontkenning getriggerd?

Heb je de daad van misbruik geprojecteerd op iets anders of noem je het niet wat het was? Wat voor ondersteuning heb je nodig om te kunnen benoemen wat je hebt meegemaakt?

#2 VERDEDIGEN

De tweede van de 4D's is Verdedigen. Verdedigen is misschien wel het meest voor de hand liggende van de 4D's om te ontdekken, omdat het vaak een onmiddellijke vergelding is voor iets of iemand in onze externe wereld. Verdedigen is de uiterlijke expressie van onze innerlijke onrust. Het kan zich voordoen als een incidentele uitbarsting van verdediging. Maar voor veel mensen is het een hyperalerte, 24/7 houding.

Het kan lijken op een dier in een kooi dat constant met een stok wordt geprikt. Verdedigen is de uiterlijke uitdrukking van zijn angst. De overheersende boodschap is: "Kom niet bij me in de buurt of ik vermoord je."

Het onzichtbare stekelvarken

Word je weleens stekelig als er iemand op je afkomt? Een van de belangrijkste tekenen van verdediging is wat ik het 'onzichtbare stekelvarken' noem. Op een bepaald moment in je leven was de wereld niet veilig voor je. Dus creëerde je 'stekels' in een poging jezelf te beschermen. Toen je jonger was, hoopte je waarschijnlijk op een bepaald niveau dat de stekels je misbruiker weg zouden houden. Maar nu houden ze liefde, geld en al het andere ook op een veilige afstand. Ook al heb je ze gemaakt om je te beschermen, ze zorgen er uiteindelijk voor dat je verdraait of wantrouwt wat er voor je ligt.

Het onzichtbare stekelvarken fenomeen betekent dat je extern en intern op je hoede bent en hyper-alert bent, wat gemakkelijk een soort uitputting kan veroorzaken, evenals een bijnieraandoening of auto-immuunziekte. Dat is natuurlijk naast alle conflicten in relaties en carrière.

Hoewel je het onzichtbare stekelvarken externaliseert en het vaak zichtbaar wordt als verdedigen, kun je het ook internaliseren. Deze stekels kunnen naar binnen draaien om je goedheid, je vriendelijkheid, je grootmoedigheid en je dankbaarheid binnen te dringen. Dit leidt tot verdere uiterlijke tekenen van cynisme, samen met depressie, angst, psychologische problemen, gezondheidsproblemen en financiële problemen.

Hoewel de stekelvarkenverdediging werkte in het begin toen je jonger was, raakt het later in het leven vastgeroest, als een geprogrammeerd of geconditioneerd responssysteem dat eigenlijk dient om het leven van je dromen te blokkeren. De stekels blokkeren het leven dat je verlangt te ontvangen, omdat het te gevaarlijk voelt om het te ontvangen. Deze verdediging gebruiken wordt een dubbelzijdig zwaard dat je zowel van buiten als van binnen steekt.

Voor mij betekende ontvangen altijd het ontvangen van een oordeel. Het betekende ook doen wat mijn moeder zei, zodat ze me niet zou slaan. Ontvangen betekende haar realiteit zijn en leven met een wanhopig verlangen gekoesterd te worden. Ik wilde van haar ontvangen, maar elke keer dat ik dat deed, was het niet wat ik wilde, wat de stekels van het stekelvarken sterker maakte, zowel innerlijk als uiterlijk. Het resultaat was dat het me nog defensiever maakte.

De verdediging wegsmelten

Verdedigen kan worden weggesmolten met goede humor. Het moet echter gepaste humor zijn, want als het voelt alsof iemand misplaatst lacht om je verdediging, kan het ervoor zorgen dat je je verder terugtrekt.

Als ik met mensen werk, breek ik de verdediging vaak af met humor. Het maakt dat de 24/7 hyper-alerte houding op de achtergrond gaat en een koffiepauze neemt. Er is ook veel toelating en ruimte nodig om het zenuwstelsel te laten verzachten.

Denk aan de clips die je misschien op YouTube hebt gezien waar een hond werd verwaarloosd en achtergelaten. Eerst zou het zich kunnen verdedigen door te grommen en te blaffen. Maar dan, als het wat vriendelijkheid wordt betoond, begint zijn verdediging naar beneden te komen. Dit is de benaderingswijze die je moet volgen met je innerlijke stekelvarken en je verdediging. Misschien heb je ook een ander mens nodig om je vakkundig te faciliteren om de stekels naar beneden te laten komen.

DAGBOEKOEFENING: JE INNERLIJKE STEKELVARKEN

Hoe vaak merk je dat je defensief reageert en in welke mate? Zijn er momenten waarop je anticipeert op afwijzing zodat je jezelf kunt beschermen tegen 'kwetsen'? Wat voor soort situaties, mensen of opmerkingen triggeren je innerlijke stekelvarken? Wat voor verhalen heb je jezelf verteld over ontvangen die ervoor zorgen dat je de stekels omhoog houdt, bewapend en klaar om te verdedigen?

#3 ONTKOPPELEN

Ontkoppelen is een constante staat van het scheiden van je geest van je lichaam en je lichaam van je geest. Het is een alomtegenwoordige staat van scheiden van je relatie met jezelf. Wanneer je jezelf hebt uitgeschakeld, dan kom je erachter dat je vaak eet om aan een emotionele behoefte te voldoen in plaats van te eten omdat je honger hebt. Alles in je leven zal worden verwerkt om je te helpen het echte probleem, waar het eigenlijk over gaat, te vermijden. Je zult merken dat je uitcheckt en een hele reeks afleidingen ontwikkelt die je in staat stellen steeds meer en meer uit te checken.

Je hebt geleerd om te ontkoppelen toen het misbruik zelf plaatsvond. Het was de manier waarop je lichaam de handeling in compartimenten opdeelde, zodat je niet aanwezig hoefde te zijn terwijl je het onderging. Het punt is, je blijft dit doen na die gebeurtenis, want in contact zijn met je lichaam kan betekenen dat het lichaam onthoudt wat je voelde of doormaakte. De strategie die jou veilig hield, kan datgene worden wat je distantieert van het ervaren van koesterende, zelfs vreugdevolle, mogelijkheden met je lichaam.

Als je ontkoppelt, dan kun je een gevoel krijgen alsof je buiten je lichaam bent. Veel mensen die door gebeurtenissen met misbruik zijn ontkoppeld, zeggen dat ze het gevoel hebben dat ze hun voeten niet op de grond kunnen voelen, of dat ze een gewaarwording hebben alsof ze buiten hun lichaam leven. Het kan je het gevoel geven dat je opgesplitst leeft. Je bent hier, maar tegelijkertijd ben je er niet. Je bent misschien in staat om te functioneren in de wereld, maar andere mensen kunnen het gevoel krijgen dat er iets met je aan de hand is. Andersom, als jij iemand bent tegengekomen die ontkoppeld is, voelt het vaak alsof je een gesprek met ze hebt en ze zijn vaag of ver weg.

Als je losgekoppeld leeft, heb je waarschijnlijk een reeks strategieën die je in staat stellen dit te doen. Vergeet niet dat het gewoon jouw lichaam is dat je probeert te beschermen tegen het voelen van wat je voelde toen je het misbruik doormaakte. Of het nu verdoven is met eten, alcohol, winkelen, drugs of medicijnen, je kunt jezelf tegenkomen zoekend naar manieren om je te helpen ontkoppelen, vooral als het ongemakkelijk wordt als je contact maakt met jouw lichaam.

Een ander ding dat je kunt ontdekken dat je doet als je losgekoppeld leeft, is dat er constant kortsluiting ontstaat. Wanneer je weg van of buiten jezelf leeft, verlies je het contact met je authentieke zelf of het innerlijke contact met wat waar is voor jou. Je kunt erachter komen dat je nee zegt als je ja bedoelt en vice versa. Misschien lach je als iets verdrietig is en huil je bij iets gelukkigs. Het is alsof alles verknipt raakt. Maar op een nog dieper niveau kun je merken dat je iets ontwikkelt wat kan worden beschouwd als een verknipt gevoel voor humor rond het misbruik. Ik heb gemerkt dat sommige mensen grappen maken als ze praten over het feit dat ze verkracht zijn. Als dit iets is dat je hebt gedaan, dan is het een verdedigingsmechanisme dat je toestaat ontkoppeld te blijven.

Scheiden van jezelf

Een van mijn radioprogramma's heette: "*Kiezen om de waanzin van scheiden van jezelf te stoppen*". Ik heb het samen met Gary Douglas gepresenteerd, de grondlegger van een techniek die we kennen als Access Consciousness®. Wat Gary benadrukte in de show is hoe we uiteindelijk geloven in wat ons is verteld over misbruik. We zijn geprogrammeerd om te geloven dat we het slachtoffer zijn van misbruik. De uitdaging is dat wanneer we functioneren vanuit een slachtoffermentaliteit, we uiteindelijk de energie van het misbruik vastzetten. In de show benadrukte Gary:

Het punt over misbruik is dat wanneer je eenmaal bent misbruikt, je de neiging hebt om het in je lichaam op te sluiten, omdat je lichaam degene is die het misbruik ervaart. We leren het heel echt en belangrijk en significant te maken,

denkend dat dat uiteindelijk de dingen beter zal maken.
Uiteindelijk is dat niet het resultaat.

We maken misbruik belangrijk en relevant en richten daar al onze aandacht op. Omdat we niet weten wat we anders moeten doen, blijft het in ons opgesloten. We herbeleven het elke dag. Als gevolg hiervan stagneren we in plaats van te creëren. We laten het ons definiëren wanneer het in werkelijkheid een kans is om een andere keuze te maken, een keuze die ons kracht geeft en ons verbindt met onze genialiteit buiten de daad(en) van het verleden, en erkennen wat we hebben geleerd."

In de show benadrukte Gary ook hoe we geprogrammeerd zijn om te geloven dat onze ervaringen het meest waardevolle aan ons zijn. Maar het meest waardevolle aan ons is ons vermogen om te kiezen. Een van de strategieën om misbruik te genezen, is jezelf er niet langer door te definiëren. Om dit te doen, moet je stoppen met scheiden van jezelf en de verbinding met jezelf te verbreken.

Hoe doorbreek je ontkoppeling

Om het patroon van het loskoppelen van jezelf te stoppen, moet je eerst kijken naar de strategieën en erkennen dat je die hiervoor hebt gebruikt. Alles wat ervoor zorgt dat je terugkomt in jouw lichaam, gaat je meer verbonden laten voelen. Maar allereerst moet het oké voor je zijn om in je lichaam te zijn, want de strategie van ontkoppeling is er niet voor niets. We moeten dus kijken naar de onderliggende overtuigingen die je over het misbruik hebt vastgehouden waardoor je je van jezelf hebt gescheiden. Als ik voorstel dat je stopt met verdoven met eten of andere afleidingen, maar je hebt de onderliggende reden waarom je dat doet niet onder ogen gezien, dan is het niet waarschijnlijk dat je in staat zult zijn om gewoon terug te keren naar je lichaam.

Dit boek is opgezet om een geheel nieuw gesprek te openen over verdergaan na misbruik. Een van de doelen hier is om je te helpen voorbij de slachtoffermentaliteit en weg van het onwrikbare standpunt dat je jezelf moet definiëren door het misbruik. Deze verandering van perspectief kan de weg voor je vrijmaken om weer contact te maken met jezelf.

OEFENING: MANIEREN IDENTIFICEREN WAAROP JE ONTKOPPELT

Hoe komt ontkoppeling in je lichaam voor? Heb je het gevoel dat je je lichaam verlaat als je je loskoppelt of je terugtrekt in een bepaald deel ervan? Waar ga je heen? Voelt de ontkoppeling alsof het constant is of trigger je je erin en eruit?

Hoeveel van je identiteit is gevormd rond het slachtofferschap van misbruik? Aan welke geconditioneerde reacties in je lichaam houd je je vast, die ervoor zorgen dat je je opgesloten voelt in je huidige model van de werkelijkheid?

#4 DISSOCIËREN

De meest indringende van de 4D's is dissociatie. Dit is wanneer het misbruik zo opgesloten raakt in het lichaam dat het de plaats is van waaruit we functioneren. We zitten opgesloten in de kooi van misbruik en we leven van daaruit. Het is een extreme en constante staat van hyper-alertheid, waarmee we onze realiteit filteren. Een deel van je leeft constant 'op het plafond' of in een andere wereld. Het manifesteert zich vaak in de vorm van aandoeningen zoals posttraumatische stressstoornis (PTSS).

Dissociatie is een constante staat van bevroren en gevoelloos zijn. Vanwege het hoge niveau van streshormonen die in het lichaam circuleren wanneer we vanuit deze toestand leven, heeft het na verloop van tijd de potentie om chronische fysieke gezondheidsproblemen te veroorzaken als we in deze toestand blijven. Het kan ook leiden tot heftige psychische aandoeningen en separatiestoornissen. In extreme gevallen kan het meervoudige persoonlijkheden veroorzaken, een onderwerp dat buiten het bereik van dit boek valt.

Kortom, de 4D's vormen de muren van de onzichtbare kooi die ons opsluiten in het misbruik uit ons verleden en voorkomen dat we ervoor kiezen om te leven zoals we willen in deze realiteit. Ontkennen, verdedigen, loskoppelen en dissociëren zijn de 'muren' die je ingesloten houden, en als je in je kooi zit, kun je niets anders creëren of genereren dan wat er in de ruimte van die doos zit. Zo keert misbruik zich naar binnen en word je je eigen dader en slachtoffer tegelijk.

De fantasie die je creëert kan soms beter lijken dan het echte leven dat je leeft als je nog steeds worstelt met misbruik. Het voelt veilig, opgesloten in die kooi. Er is een vasthoudendheid van bewustzijn voor nodig om naar de fantasiewereld die je hebt gecreëerd te kijken, en jezelf uit te dagen om erbuiten te creëren. Laten we nu eens kijken naar de specifieke emoties die gepaard gaan met het leven in de kooi.

3

HOOFDSTUK DRIE: DE EMOTIES VAN MISBRUIK

In dit hoofdstuk gaan we de vertrouwde emoties van misbruik onderzoeken. Misschien herken je jezelf in sommige of allemaal. Misschien heb je tot nu toe nog niet verwoord wat ze zijn. Ze maken deel uit van de schaduw die op de achtergrond sluimert, vaak naamloos of onuitgesproken. Zodra we ze benoemen, beginnen ze hun macht te verliezen. Ze hebben niet langer dezelfde greep op ons.

Meer emotioneel bewust worden, maakt deel uit van het proces onderweg naar Radicaal Springlevend Zijn. Zodra je begint met het verwoorden en identificeren van de emoties die je hebt ervaren, kun je beginnen ze te overwinnen en naar doeltreffende staten van emotie te gaan die resoneren met machtig en krachtig en radicaal springlevend zijn.

Emoties en harmonie

Elke emotie heeft een andere vibratie. Lagere emoties werken op een lagere frequentie. Het tegenovergestelde geldt voor hogere emoties. We begrijpen dit van nature als mensen, daarom zeggen we dat we ons 'down' voelen wanneer we in de lagere staat van frequenties zijn, en 'high' wanneer we in het bovenste zijn.

In deze realiteit hebben we de keuze om te opereren vanuit een lagere harmonische staat of een hogere harmonische staat. Wanneer we opereren vanuit een hogere harmonische staat, ervaren we het leven door bewustzijn in plaats van onze triggers, patronen en programmering. Je hebt misschien momenten of periodes vanuit deze plek meegemaakt. Het leven is vloeiender en harmonieuzer. Je ervaart het leven met meer eenheid en bent meer present vanuit de hogere harmonische staat. De lagere emoties zorgen ervoor dat we ons gescheiden en geïsoleerd voelen, terwijl we ons in het hogere herinneren dat er geen scheiding is tussen ons en het universum. Veel van de Oosterse spirituele leringen herinneren ons hieraan, en wat ze benadrukken is leven vanuit de hogere harmonische staat van het leven.

Gevoelens en emoties maken deel uit van de lagere harmonische staat van deze realiteit. We lopen erin vast en we leren niet dat ze een keuze zijn. In feite zijn we geprogrammeerd om te geloven dat we het slachtoffer zijn van onze emoties en we drijven op de golven ervan, voelend alsof ze buiten onze controle liggen.

Zoals we eerder hebben benadrukt, zijn er een paar overheersende emoties die blijven hangen na misbruik. We komen er vaak in vast te zitten, samen met de lagere harmonische frequenties die ze voor ons vertegenwoordigen. Ze sluiten aan bij de anti-jij die we in Hoofdstuk Eén hebben besproken. Wanneer we opgesloten raken in deze emotionele toestanden, laten we onszelf zakken in een energie, ruimte en bewustzijn dat het omgekeerde is van wie we werkelijk zijn. Deze emoties houden ons opgesloten in de 4D's, vooral in ontkenning en verdediging. Vanuit de lagere harmonie van onze emotionele toestand wordt het een gewoonte voor ons om uit te halen, en zo wordt de vicieuze cirkel erger. We begeven ons in deze toestand, ze verwarrend met onze vaststaande realiteit. Ze worden een gewoonte, want hoe meer we resoneren met een bepaalde frequentie, hoe sterker en vertrouwder het voor ons wordt. Dit is een van de redenen waarom we soms in onze comfortzone blijven, wat eigenlijk onze 'oncomfortabele'-zone is. De resonantie ervan, ondanks dat het pijnlijk is, is vertrouwd en we hebben geleerd het te accepteren en ermee te leven.

Deze emoties betekenen ook dat we ons tegen het leven verzetten en afwijzen - in feite zijn ze de brandstof voor dit verzet, die de fysieke gezondheid, relaties en financiën beïnvloedt. Hoe moeilijk het ook is om ze onder ogen te zien, het maakt deel uit van het proces van het terugvinden van je ware essentie en zelf, en helpt je op weg naar radicaal springlevend leven door je de macht te geven om te kiezen. Wanneer je niet wordt gedomineerd door je emoties, wordt Radicaal Springlevend zijn van nature je hogere trilling.

SCHAAMTE

Schaamte is een andere barrière voor geluk omdat het ons het gevoel geeft dat we voorspoed niet verdienen - liefde, geluk en succes. Schaamte beperkt geluk ook omdat het maakt dat we in de wereld van het verleden blijven leven, rond echoënd in het domein van schaamte en niet aanwezig zijn in het hier-en-nu waar geluk zich bevindt.

— GAY HENDRICKS EN CAROL KLINE,
*BEWUST GELUK**

Er is een verschil tussen schuld en schaamte als het gaat om misbruik. Schuldgevoel is: "Ik heb een fout gemaakt, mijn excuses." Je gaat verder. Terwijl schaamte is: "Ik ben een fout." Dus in veel gevallen als iemand probeert over zijn misbruik heen te komen, dan moeten ze echt over de schaamte heen komen van het geloof dat ze fout of verkeerd zijn. Het was de situatie, de omgeving, degene die de dader was die op een bepaalde manier iets mankeerde.

In het Engels 'Conscious Luck'

Zij hadden iets in hun programmering, wat maakte dat ze op die manier handelden. En jij nam hun verhaal aan als jouw identiteit.

Schaamte is de meest bekende emotie van misbruik. Het is gegenereerd uit alle geheimen die je hebt verborgen over het misbruik. Je hebt misschien te horen gekregen dat je het misbruik voor anderen moest verbergen of je werd met een of ander gevolg bedreigd als je de waarheid zou vertellen. Een andere mogelijkheid kan zijn dat het misbruik werd gepleegd op een manier die niet werd besproken of verwoord. Het gebeurde en het werd genormaliseerd in je leefsituatie, maar een dieper deel van jou wist niet hoe je moest uitdrukken wat er met je was gebeurd. Het kan ook dat je het misschien aandurfde om te verwoorden of uit te spreken wat er was gebeurd en ondervond dat het werd beantwoord met oordelen of beschuldigingen dat je loog.

Situaties waarin het misbruik werd uitgesproken en met mededogen werd behandeld, komen minder vaak voor, omdat in veel gezinssituaties, als misbruik wordt toegegeven en erkend, er iets moet veranderen. Huwelijken lopen stuk. Geliefden worden voor de rechter gedaagd. Het is vaak veel "gemakkelijker" voor mensen om hun bewustzijn af te snijden en te ontkennen dat het gebeurde dan om de gevolgen van de waarheid onder ogen te zien.

De schaamte van misbruik wordt dus naar binnen gekeerd. Je hebt het gevoel dat je beschadigd bent of wat mankeert. Je vervalt weer tot de fout bij jezelf te leggen. Je wordt het geheim en door dat te doen, kun je jezelf niet meer zijn.

De wrede grap over schaamte is dat negentig procent van wat je verbergt, je eigenlijk verbergt voor jezelf, want daar ben je voor geprogrammeerd, dat te doen. Om de geheimhouding te kunnen dragen, heb je het jezelf aangerekend in een verwrongen vorm van ontkenning. Dit betekent dat je niet meer met jezelf in verbinding kunt zijn.

Schaamte manifesteert zich als een zwaarte en een dichtheid in jou. Je loopt rond met je ogen naar de grond gericht en je hoofd voorovergebogen. Het is alsof je in een frons leeft, en je gezicht raakt vervormd en vertrokken als het wordt getriggerd.

Schaamte vervormt ook wie je vanbinnen bent. Er kan geen sprake zijn van echte intimiteit (in-mij-zie-ik) als je rondloopt in een wolk van schaamte. Bij elke interactie weet je dat je niet je authentieke zelf bent, wat op zijn beurt voor meer schaamte zorgt en ervoor zorgt dat je je nog meer verbergt. De cyclus gaat verder, de kooi van misbruik de hele tijd dichterbij om je heen brengend.

Dit is de kosmische grap van schaamte: je spendeert je hele leven door het verborgen te houden in je lichaam, je blootstellend aan allerlei soorten ziektes (fysiek, mentaal, emotioneel en spiritueel) gewoon om te verbergen, zodat niemand weet dat je deze gebeurtenis hebt meegemaakt. Maar toch, de meerderheid van de mensen op deze planeet houden ook iets verborgen!

Hoe slijten de wonden van schaamte? Een van de beste manieren is om er echt over te praten - door uit de geslotenheid rondom misbruik te stappen.

Jouw verhaal en schaamte - wat betekent het voor jou en wat zegt het over jou?

Soms, als ik met mensen werk om verandering te faciliteren, moet ik een stapje terug doen en ze leiden langs wat er is gebeurd, om over het misbruik heen te komen. Dit houdt in het eigen maken, claimen en erkennen van hetgeen ze geloven dat hun verhaal voor hen en over hen betekende, en hoe ze dat vandaag de dag nog steeds beleven. Voor veel van mijn klanten roept het misbruikt zijn - seksueel, fysiek of emotioneel - het gevoel van bedorven waar.

In het Engels (in-to-me-i-see)

Begrijpen hoe je je verhaal en schaamte interpreteert - de betekenis ervan voor jou en over jou - kan je helpen een nieuwe keuze te definiëren en een nieuw verhaal te creëren. Het zal je helpen in te zien hoe de betekenis die je eraan hebt toegekend de toekomst die je zou kunnen hebben - namelijk vreugde, geluk en vrijheid - beperkt. Vrijwel elke keer als ik iemand door die verknochtheid aan hun verhaal heen leidt, blijkt dat de lijm die de hele zaak bij elkaar houdt de schaamte is en hun identificatie ermee, waarvan zij op hun beurt geloven dat het is wie zij werkelijk zijn.

Je bent niet jouw schaamte. Het is gewoon iets waar je aan gewend bent geraakt het te voelen.

Dit boek gaat niet over oordelen. Het gaat over eenheid. Het gaat over het echt gebruiken van dit gesprek met als doel misbruik te elimineren. Dit houdt ook in dat we erkennen dat onze misbruikers ook vanuit hun programmering functioneerden, en hen helpen, op een energetisch niveau, om ook voorbij het misbruik te komen.

"...als je één van de vele mensen bent die een probleem hebben met hun ouders, als je nog steeds wrok koestert over iets wat ze deden of niet deden, dan geloof je nog steeds dat ze een keuze hadden - dat ze anders hadden kunnen handelen. Het lijkt altijd alsof mensen een keuze hadden, maar dat is een illusie. Zolang je verstand met zijn geconditioneerde patronen jouw leven bestuurt... wat voor keuze heb je dan?"

— ECKHART TOLLE, DE KRACHT VAN HET NU

Zolang we ons blijven schamen, houden we het misbruik in stand. Zolang we het verhaal verzwijgen, houden we het misbruik in ons lichaam. Als we ons identificeren met schaamte, sluiten we het op in ons lichaam. En als we dat doen, maken we onszelf vatbaar voor ziekte en een leven met beperkte mogelijkheden. We blijven opgesloten in onze kooi en dat maakt de misbruiksituatie tot jouw god in plaats van dat jij je eigen god bent. Ik heb het natuurlijk niet over 'God' in religieuze zin, maar ik wijs op de macht die je hebt om je eigen werkelijkheid te creëren.

ENERGIE OEFENING: SCHAAMTE EN OORDEEL LOSLATEN

dat je wat mankeert of beschadigd bent. Hoe je het ook voelde, wanneer je het ook voelde, en met wie je het ook blijft voelen, je kunt schaamte - inclusief al haar verborgen, onuitgesproken, niet erkende of niet onthulde geheimen of agenda's - loslaten in de aarde.

Stel je voor dat je met je vingers de energie van schaamte verzamelt, beginnend bij je voeten tot boven op je hoofd, aan de voorkant en achterkant van je lichaam. Gooi het voor je uit naar de aarde en zeg hardop: "NEE, GEEN MISBRUIK MEER. HET IS MIJN LICHAAM EN MIJN KEUZE! MIJN RECHT!" Doe dit minstens drie keer terwijl je je voorstelt dat de energie wegvloeit en oplost in de aarde. Je kunt dit ook doen met woede, verdriet en andere emoties.

Noteer daarna elke toename of positieve effecten in je energie.

*Overgenomen van Access Consciousness®

VERDRIET

Verdriet is woede die zich naar binnen keert. Je kreeg de kans niet om het naar buiten te brengen, dus richt je het op jezelf. Als je in droefheid verkeert, dan blijf je in feite in slachtofferbewustzijn stilstaan. Het is het drijfzand dat je vasthoudt en maakt dat je niet in staat bent om te bewegen. Het probleem met verdriet is dat de projectie die de maatschappij heeft dat misbruik moeilijk te genezen is, het verdriet versterkt.

Wanneer we verdrietig zijn over het misbruik, handelen we vanuit de overtuiging dat dit ons niet had mogen overkomen. Er wordt een onterechte misvatting doorgegeven door de manier waarop wij de wereld beschouwen, namelijk dat er in het leven geen obstakels zouden mogen zijn. Die overtuiging gaat uit van de veronderstelling dat het leven gladjes en ongehinderd zou moeten verlopen. Als we vanuit dit filter functioneren, dan overkomt ons van alles en hebben we het gevoel dat we op de een of andere manier door het leven werden bedrogen. Als we misbruik bekijken door de lens van het slachtofferbewustzijn, dan wordt dat het ergste dat een mens kan overkomen, en verliezen we ons vermogen om het misbruik te gebruiken als een transformerende levenservaring.

*Als we vastzitten in verdriet, hebben we niet meer het gevoel
dat we een keuze hebben,
omdat we ervan uit gaan dat we er nooit overheen kunnen
komen.*

In de psychologie wordt het vermogen om onze ervaring te zien als iets dat op de een of andere manier bijdraagt aan het bereiken van ons allerhoogste potentieel "Post-Traumatische Groei" genoemd. Het biedt ons de kans om te bedenken dat we krachtiger en sterker worden door onze strubbelingen. We kunnen onze ervaringen niet op deze manier zien als we ze beschouwen als een onrechtvaardigheid.

DAGBOEK OEFENING: REFLECTIEPUNTEN

In hoeverre heb je gefunctioneerd vanuit de emotie verdriet? Wat voor situaties triggeren het? Hoe komt het tot uiting? Hoe voelt het in je lichaam? Kun je het gevoel van machteloosheid herkennen dat met deze emotie gepaard gaat? Wat zijn de vertrouwde gedachten die je ervaart wanneer je in een toestand van verdriet terechtkomt?

Als je klaar bent met deze oefening, kun je de Energie Oefening hierboven herhalen. In plaats van schaamte en oordeel, laat je deze keer de emotie van verdriet los.

Stel je voor dat je met je vingers de energie van verdriet verzamelt, beginnend bij je voeten tot bovenop je hoofd, aan de voor- en achterkant van je lichaam. Gooi het voor je uit naar de aarde en zeg hardop: "NEE, GEEN MISBRUIK MEER. HET IS MIJN LICHAAM EN MIJN KEUZE! MIJN RECHT!" Doe dit minstens drie keer terwijl je je voorstelt dat de energie wegvloeit en oplost in de aarde.

Noteer daarna elke toename of positieve effecten in je energie.

BOOSHEID EN WOEDE

Boosheid kan een bron van levenskrachtenergie zijn en wanneer ze met aandacht wordt geuit, kan ze je helpen om je huidige toestand te overstijgen. Echter, wanneer het niet effectief wordt gebruikt, is het meer een sijpelend gif dat je in een toestand van twijfel en wantrouwen houdt.

Woede is boosheid die zich naar binnen heeft gekeerd. Het is een oncontroleerbare, dodelijke energie en de uiterlijke uitbarsting van je innerlijke klimaat. Het is de vulkaanuitbarsting van: "Ik haat dit alles." Als je je in een permanente staat als deze bevindt, schommel je vaak tussen woede en depressie.

Vanuit biochemisch oogpunt kun je woede maar een bepaalde tijd volhouden voordat het de cortisol verhoogt en het DHEA in je lichaam verlaagt, want het is een staat van verhoogde stress. Dit kan leiden tot een schommeling van emoties, met lange periodes van depressie, waarin het lichaam de boosheid niet langer kan volhouden, voordat het weer omslaat in woede. Het is een ernstig uitputtende cyclus die onze perceptie van de werkelijkheid vervormt, waardoor we alleen zien wat we denken dat er aan de hand is, zelfs wanneer mensen om ons heen proberen ons iets anders te tonen of te vertellen. Degenen die in deze cyclus leven, worden door anderen vaak als "bitter" beoordeeld. Het kan een problematische frequentie zijn om bij in de buurt te zijn omdat de invloed van woede erg sterk is.

Een van de dingen die we kunnen doen, is deze meer giftige vormen van woede nemen en er een hulpmiddel voor verandering van maken. Er is een ervaren facilitator voor nodig om je te helpen je weg te vinden uit de woede en deze energie te gebruiken als een hulpmiddel voor transformatie. Als je hebt gefunctioneerd vanuit woede, kan dat bij vlagen goed voelen, of in ieder geval beter dan depressie, omdat er beweging in zit als je je woede uit.

De kunst is hier om deze energie in een richting te kunnen sturen die je van pas komt, in plaats van een die je problemen versterkt.

De eerste stap om dit te doen is herkennen en erkennen of je gevangen zit in de cyclus van woede.

DAGBOEK OEFENING: REFLECTIEPUNTEN

Het doel hier is om elke emotie te onderscheiden, zodat je ze kunt afzonderen en je lichaam je bondgenoot kunt laten zijn.

Leg je hand op dat deel van je lichaam dat boosheid voelt. Leg nu je hand op dat deel van je lichaam dat woede voelt. Kun je het verschil of de overeenkomst tussen boosheid en woede onderscheiden? Welke van de twee heeft bij jou de overhand gehad? Heb je gemerkt dat je heen en weer slingert tussen woede en depressie? Heb je meegemaakt dat je boosheid gebruikte om je standpunt weer te geven? Kun je het verschil bepalen tussen een potentie van boosheid en een explosie van woede?

Nadat je deze oefening hebt gedaan, kun je de energie-oefening hierboven herhalen, waarbij je dit keer de emoties vervangt door boosheid en woede.

Stel je voor dat je met je vingers de energie van boosheid en woede verzamelt, beginnend bij je voeten tot bovenop je hoofd, aan de voor- en achterkant van je lichaam. Gooi het voor je uit naar de aarde en zeg hardop: "NEE, GEEN MISBRUIK MEER. HET IS MIJN LICHAAM EN MIJN KEUZE! MIJN RECHT!" Doe dit minstens drie keer terwijl je je voorstelt dat de energie wegvloeit en oplost in de aarde.

Noteer daarna elke toename of positieve effecten in je energie.

ANGST

Angst is een toestand waarin je vast komt te zitten, bevriest en gevoelloos wordt. Als je in angst leeft, dan roei je tegen de stroom in naar een vernietigingszone. Het is een automatisch responssysteem waarbij je je voortdurend schrap zet voor datgene in je buitenwereld dat er uitziet alsof het traumatisch zou kunnen zijn.

Als je in angst leeft, zal er altijd iemand met je rotzooien, je belazeren, misbruik van je maken, je pijn doen, je afwijzen of je in de steek laten. Het heeft meestal niets te maken met de persoon die voor je staat en vaak projecteer je jouw versie van de werkelijkheid op die persoon.

Als je in een voortdurende staat van angst leeft, kun je nooit aanwezig zijn.

Angst houdt bijna altijd in dat je naar het verleden kijkt als je referentiepunt voor wat er eerder gebeurde en dat projecteert naar de toekomst.

DAGBOEK OEFENING: REFLECTIEPUNT

In hoeverre heb je vanuit angst gefunctioneerd? Leg je hand op dat deel van je lichaam dat angst voelt. Wat voor situaties triggeren het? Hoe komt het tot uiting? Hoe voelt het in je lichaam? Merk je dat je teruggaat naar het verleden en dan zoekt naar soortgelijke dingen in het heden? Zoek je naar bewijsmateriaal in het heden dat dingen verkeerd zullen gaan? Welke strategieën kun je toepassen om jezelf te kunnen redden als angst begint te werken?

Als je klaar bent met deze oefening, kun je de energie-oefening hierboven herhalen, de emotie dit keer vervangen door angst.

Stel je voor dat je met je vingers de energie van de angst verzamelt, beginnend bij je voeten tot bovenop je hoofd, aan de voor- en achterkant van je lichaam. Gooi het voor je uit naar de aarde en zeg hardop: "NEE, DAT IS NIET ECHT. IK KIES ERVOOR OM IN HET NU

AANWEZIG TE BLIJVEN." Doe dit minstens drie keer terwijl je je voorstelt dat de energie wegvloeit en in de aarde wordt opgelost.

Noteer daarna elke toename of positieve effecten in je energie.

Samengevat, leven in de emoties van misbruik is functioneren vanuit de lagere frequenties. Om radicaal springlevend te leven en te functioneren vanuit de hogere harmonische frequenties, moeten we eerst erkennen dat we in de emoties van misbruik hebben geleefd en ons geassocieerd hebben met bepaalde emotionele frequenties die we normaal zijn gaan vinden.

Laten we nu eens kijken wat voor impact het leven in de kooi van misbruik en het functioneren vanuit deze emotionele gemoedstoestanden heeft gehad op verschillende gebieden van je leven. Daarna, later in het boek, zullen we onderzoeken hoe je deze emoties kunt transformeren, zodat je radicaal springlevend kunt leven.

DEEL TWEE: HET GEVECHT
IN DE KOOI

4

HOOFDSTUK VIER: DE
VOORTZETTING VAN HET MISBRUIK

Wanneer gaat dit eindigen?

Het was een vraag die ik mezelf al vele malen in mijn leven had gesteld. Maar eerlijk gezegd wist ik niet of het ooit zou gebeuren. De ontelbare vormen van misbruik die ik in mijn leven meemaakte, leken zich met de tijd alleen maar te verveelvoudigen. Hoe meer het escaleerde, hoe meer ik ervan overtuigd was dat er iets mis was met mij. Elke nieuwe gebeurtenis leek het denkbeeld van de werkelijkheid van waaruit ik functioneerde te bevestigen, namelijk dat ik op de een of andere manier iets mankeerde.

Wat ik nu weet, wat ik toen niet begreep, is dat wanneer we werken vanuit de kooi van misbruik, het zichzelf blijft bestendigen, en we weten niet hoe we het

kunnen stoppen. Je hebt zelf misschien iets soortge-
lijks meegemaakt, waar gewelddadige relaties, connec-
ties en communicatie vanuit elke hoek in het leven
lijken te komen.

In feite eindigt misbruik zelden als de oorspronkelijke
gebeurtenis voorbij is.

*Na de eerste daad van misbruik, kan het aanvoelen alsof
iedereen misbruik van je maakt.*

Het misbruik zelf, of het nu gaat om één enkele ingrij-
pende gebeurtenis of een reeks van kleinere incidenten, blijft nagalmen in ons leven en onze realiteit, lang
nadat het plaatsvond. Zelfs als je het misbruik op één
bepaald gebied van je leven hebt ervaren, zijn andere
soortgelijke echo's ervan waarschijnlijk op verschillende levensgebieden en op talrijke manieren opgeko-
men. Misschien heb je vastgesteld dat het een soort
epidemie werd die zich verspreidde naar alle hoeken
van je bestaan. Als het misbruik in je kindertijd begon,
dan is het mogelijk dat (tenzij je het drastisch hebt
getransformeerd en het raakt je niet meer) de voortzetting van misbruik in zijn vele vormen tot nu toe je
belangrijkste referentiepunt is geweest.

DE SHOCK VAN DE DAAD

Een van de hoofdzaken om te begrijpen hoe je op misbruik reageert, is dat de gewelddaad een schok voor het lichaam veroorzaakt. Het trauma legt dan automatische responssystemen op aan je lichaam die steeds opnieuw geactiveerd worden in tijden van stress. Onze lichaamschemie verandert letterlijk wanneer we een gewelddaad meemaken, en we passen ons aan door ons terug te trekken in de onzichtbare kooi.

Aanvankelijk wordt de kooi onze plaats van veiligheid en is het het enige dat we weten te doen in het geval van de zintuiglijke en moleculaire overbelasting die de oorspronkelijke gebeurtenis veroorzaakte. Telkens wanneer iets ons herinnert aan de oorspronkelijke daad, belanden we weer in de kooi. Meestal zijn alle zintuigen erbij betrokken, en elke zintuiglijke trigger uit de buitenwereld kan ervoor zorgen dat we ons terugtrekken in de kooi. We ruiken iets dat ons herinnert aan de oorspronkelijke gebeurtenis - een parfum of een aftershave - en we merken dat we ons terugtrekken. We horen iets - zoals een toon in een stem of een bepaald woord dat gebruikt werd tijdens de daad - en opnieuw gaan we terug de kooi in. We zien iets dat ons aan de gebeurtenis doet denken - onze dader had gezichtsbeharing, we zien een man met een behaard gezicht - en plotseling trekken we ons weer terug.

Dan zijn er nog de subtielere moleculaire indicatoren: de vele gevoelens en emoties die het misbruik teweegbracht. Vaak als iemand misbruik ervaart, raken deze gevoelens en emoties opgesloten in het lichaam en kunnen ze opnieuw worden aangewakkerd door het minste of geringste in onze externe werkelijkheid. In zekere zin kapselen we de dader in tot in de cellen van ons wezen. De realiteit van de dader wordt op die manier het filter waardoor wij de wereld ervaren, en het is een essentieel onderdeel van wat ons in de kooi opgesloten houdt.

Hoewel de kooi is ontworpen om ons te beschermen - we proberen onszelf tenslotte veilig te houden, zodat zich geen soortgelijke gebeurtenis voordoet - definiëren we onszelf uiteindelijk door de schok van wat er gebeurde. Onze moleculaire structuur verandert en die veranderingen worden het filter waardoor wij onze werkelijkheid ervaren. Zoals ik al eerder heb gezegd, speelt bewustzijn een enorme rol bij het helen van de kooi van misbruik. Maar als we getriggerd worden in onze kooi omdat de schok van de oorspronkelijke gebeurtenis nog steeds in ons lichaam is opgeslagen, dan functioneren we vanuit het tegenovergestelde van bewustzijn.

We handelen vanuit trance.

FUNCTIONEREN VANUIT TRANCE

Als de zintuiglijke informatie van wat er gebeurd is vaak getriggerd wordt, begin je te functioneren als de 'anti-jij'. Misschien weet je het nog, de anti-jij voorkomt dat je genereert en creëert in je leven. Als je als de 'anti-jij' functioneert, is het waarschijnlijk dat er een van de volgende twee dingen gebeurt:

- Je bent je er enigszins van bewust dat er iets 'niet klopt', maar je kunt er niet bij of er grip op krijgen.
- Je hebt in de kooi geleefd, maar je bent je er niet van bewust dat je dat hebt gedaan.

In beide gevallen gaat dat meestal gepaard met de neiging om de buitenwereld de schuld te geven van hoe jij je van binnen voelt.

MEER VAN HETZELFDE AANTREKKEN

Hoe meer we werken vanuit de kooi van misbruik, hoe meer we andere gevallen van misbruik naar ons toe trekken. De resonantie van de schok van de oorspronkelijke gebeurtenis, en de manier waarop wij moleculair vanuit die resonantie werken, betekent dat wij soortgelijke mensen aantrekken die op dezelfde manier functioneren.

Als we onszelf als slachtoffer zien en het gevoel hebben dat er misbruik is gepleegd tegen ons, dan worden andere daders tot ons aangetrokken om de cyclus te herhalen.

Wij zien niet dat zij ook gewoon in hun eigen cycli opgesloten zitten en dat wij voor hen ook een rol spelen. In plaats daarvan, door onze filters, lijken ze op onze aanvallers en onderdrukkers, niets meer. Als jou dit is overkomen, gelooft een deel van jou vermoedelijk, dat dit betekent dat er iets mis is met je. Zoals ik in de inleiding van dit boek heb benadrukt, is er niets mis met je als je voortdurend misbruik in je leven hebt aangetrokken in soortgelijke cycli. Het is gewoon zo dat als het misbruik eenmaal in je leven heeft plaatsgevonden, je niet hebt geweten hoe te stoppen met het opnieuw creëren ervan.

MISBRUIK PLEGEN TEGEN JEZELF

Wanneer we misbruikt zijn, nemen we de realiteit van de dader over alsof het onze eigen realiteit was. Of het misbruik nu financieel, emotioneel, fysiek, huiselijk, spiritueel of seksueel was, de realiteit van de persoon die ons ertoe dwong, wordt uiteindelijk de realiteit waardoor wij onze wereld ervaren.

Er is een term in Access Consciousness® die 'biomimetische mimicry' wordt genoemd - wat simpelweg betekent dat we de manier waarop iemand anders in de wereld staat, hebben overgenomen alsof het de onze was. We ervaren biomimetische mimicry vaak via onze dader, wat ons kan helpen begrijpen hoe de misbruikte ook wel de misbruiker kan worden. Een andere manier om erover na te denken is dat onze geconditioneerde, gebruikelijke reacties een pijnroute worden. Om een voorbeeld te geven: een pijnroute zou kunnen zijn dat de dader van het misbruik gelooft dat hij slecht, kwaadaardig of fout was, en die energie wordt tijdens de 'daad' op ons overgebracht. Wij beginnen ons dan te gedragen alsof we slecht, kwaadaardig of fout zijn. Dit houdt de oorspronkelijke gebeurtenis levend, meer brandstof toevoegend aan de PTSS-brand en nooit ruimte toelatend voor het ontstaan van Posttraumatische Groei.

Biomimetische mimicry neemt vele vormen aan, en het hoeft niet te betekenen dat we worden zoals onze dader. Vaker betekent het dat we een element overnemen van hun manier van zijn in de wereld en het onszelf opleggen. Wanneer we onze daders biomimetisch nabootsen, dan behelst dat ook opereren vanuit dezelfde pijnroutes waar zij vanuit opereren. Wanneer dit gebeurt, worden we nooit echt één met ons eigen zelf, omdat we op een bepaald niveau onbewust om goedkeuring vragen van onze daders door hen na te bootsen.

Ik heb bijvoorbeeld biomimetische mimicry met mijn moeder meegemaakt. Ik had een tumultueuze relatie met haar, en tot ver in mijn volwassen leven functioneerde ik nog steeds vanuit haar energetische realiteit. Voor mij werd dit zichtbaar als het moeilijk vinden om alleen te zijn. Ik voelde me nooit op mijn gemak in mijn eentje, en ik wilde altijd met iemand samen zijn. Ik had het ook moeilijk met het ontwikkelen en creëren van mijn leven - soms aangeduid als 'op eigen benen staan'. Ik heb tientallen jaren besteed aan het genereren en creëren vanuit mijn moeders realiteit - niet alleen in mijn lichaam en verstand, maar ook in mijn carrière en financiën. Ik realiseerde me niet dat ik vanuit haar realiteit functioneerde toen ik dit deed.

Een van de indicaties dat je wellicht leeft binnen de kaders van welke realiteit dan ook die de dader je heeft opgelegd, is dat je merkt dat je functioneert vanuit je minderwaardigheid. Je neemt beslissingen op basis van angst in plaats van expansie. In mijn geval liet ik bijvoorbeeld mijn moeder de school en de universiteiten kiezen waar ik naartoe ging, in plaats van zelf te kiezen. De macht lag, nogmaals, bij de dader.

Mijn moeder was erg dominant, hardvochtig en gewelddadig. De overheersende boodschap die ze mij en de anderen om haar heen gaf, was: "De enige manier dat ik je zal accepteren is als je doet wat ik zeg." Door naar haar wil te buigen, stond ik haar toe om macht over mij uit te blijven oefenen. Ik zat zo opgesloten in het fysieke geweld, het trauma en het misbruik, dat ik niet wist hoe ik nee tegen haar kon zeggen. Ja zeggen tegen de realiteit van iemand anders is, in feite, nee zeggen tegen jezelf. Dit is wat je afscheidt van de verbondenheid met jezelf.

Dus hoe weet je of wat je in je buik voelt van jou is of iets dat iemand anders toebehoort en dat je als het jouwe hebt aangenomen?

DAGBOEK OEFENING: IN WIENS WERKELIJKHEID LEEF JIJ?

Wat hebben je moeder en vader, en de andere mensen in je leven, je geleerd over jezelf, je lichaam, je leven en je werkelijkheid dat je nog steeds gelooft en waar je je leven omheen creëert, bewust of onbewust? Zijn deze overtuigingen jouw waarheid? Met andere woorden, kies je er nu voor? Op een basaal niveau dienen onze overtuigingen ons in zekere zin. Hoe houden deze overtuigingen of gedragingen je opgesloten in een kooi en dienen ze je tegelijkertijd? Kun je benoemen hoe het vervullen van de behoeften van anderen jou in feite in een leven van risico houdt?

Onze daders kunnen al dan niet nog steeds in ons leven zijn. Ze leven misschien nog of niet meer. Maar als we onze macht aan hen weggeven, sluiten we alle mogelijkheden af en leven we in beperking. Je wordt nu de dader ten opzichte van jezelf. Zodra deze 'draai' plaatsvindt, leef je volledig vanuit een volautomatische werkelijkheid. Als we het hebben over de daad tegen jou gericht, dan betreft dit niet uitsluitend de oorspronkelijke gewelddaad zelf. Het omvat iedere andere gewelddadige inbreuk op jou die zich voordeed in je leven en die je als jouw waarheid hebt aange-nomen - alle beslissingen, conclusies en oordelen die anderen over jou hebben gevormd en die jij op jouw beurt tot jouw eigen werkelijkheid hebt gemaakt - en die in wezen jouw programmering is over jouw verkeerd zijn.

Je bent een bewustzijnsmagneet; je neemt waar, weet, bent en ontvangt energie van over de hele planeet, van over de hele wereld, van je voorouders, van je lichaam, van de persoon naast je, van je bazen, van je collega's, van je kerken, enzovoort.

ENERGIE OEFENING: LOSLATEN WAT NIET VAN JOU IS

Sluit je ogen en leg je handen op je thymus en schaambeen. Adem drie keer in door je mond en zeg: "HALLO LICHAAM! HALLO LICHAAM! HALLO LICHAAM! HALLO MIJ! HALLO MIJ! HALLO MIJ! HALLO AARDE! HALLO AARDE! HALLO AARDE!" Expandeer je energie om de vier hoeken van de kamer waar je bent aan te raken en adem. Adem uit zo ver als je kunt, omhoog, omlaag, rechts, links, voor en achter. Adem in door je voorkant, adem in door je achterkant, adem in door je rechterkant, en adem in door je linkerkant. Adem in omhoog vanaf je voeten en omlaag via je hoofd. Herhaal alle "Hallo's" hierboven. Open je ogen.

Merk op hoe je je voelt of een verandering in je energie.

Samengevat, zolang je niet bereid bent te kiezen en te creëren vanuit je eigen werkelijkheid, zul je kiezen vanuit de werkelijkheid van anderen. En wanneer je je eigen werkelijkheid compromitteert voor die van een ander, vergt dat veel energie van het lichaam. Het onttrekt je van je eigen essentiële vitaliteit. Dit is de 'opzet' van de onzichtbare kooi - je kunt nooit echt bestaan als JIJ.

5

___

HOOFDSTUK VIJF: GEZONDHEID EN JOUW LICHAAM

"En ik zei zachtjes tegen mijn lichaam: 'Ik wil je vriend zijn,' Het haalde diep adem en antwoordde: 'Hier heb ik mijn hele leven op gewacht."

— NAYYIRAH WAHEED

Heb je ooit het gevoel alsof je in oorlog bent met je lichaam? Als je enige vorm van misbruik hebt meegemaakt, is dit vaak het geval. Er zijn drie belangrijke manieren waarop je kunt ontdekken dat je in oorlog bent met je lichaam:

- Je merkt dat je de behoeften van anderen boven die van jezelf stelt.

71

- Je oordeelt voortdurend over je lichaam.
- Je overstemt de vragen en behoeftes van je lichaam.

In dit hoofdstuk onderzoeken we hoe misbruik het scenario vormt om in oorlog te zijn met je lichaam en wat je kunt doen om meer vrede en harmonie in je eigen fysieke wezen te ervaren.

1. DE BEHOEFTEN VAN ANDERE MENSEN BOVEN DIE VAN JEZELF STELLEN

Wanneer misbruik plaatsvindt, word je onzichtbaar terwijl de misbruiker zichtbaar is. Jouw behoeften worden onzichtbaar terwijl de behoeften van de misbruiker groeien. Dit vormt het patroon voor de onzichtbare kooi van misbruik. Van binnenuit die kooi van misbruik geloof je dat het normaal is om de behoeften van anderen belangrijker te maken dan die van jezelf. Van daaruit negeer je de vele aanwijzingen en verlangens van je lichaam, terwijl je vaak de behoeften van anderen vooropstelt.

Als je je de 4D's herinnert, dan kun je ontdekken dat je eigenlijk ontkent dat je behoeften hebt, of dat je dissocieert, omdat je gelooft dat je lichaam er niet toe doet. Je sluit je af van de gedachte dat je enig recht hebt om iets te ontvangen, en je verdedigt je tegen alles dat naar je toekomt. Dit creëert lagen van zwaarte op je lichaam - het gewicht, de spanning, de verstarring, de controle, de beklemming, enzovoort.

Naarmate de jaren verstrijken, normaliseer je dat je de behoeften van anderen belangrijker maakt dan die van jezelf. Het probleem wordt erger. Je ontdekt dat je je losmaakt van je lichaam en het behandelt alsof het er niet toe doet, maar tegelijkertijd voel je je erdoor gevangen. Het resultaat is dat je je verder loskoppelt van je lichaam en in je hoofd leeft. Maar het hoofd is slechts 10% van je lichaam, wat betekent dat je de andere 90% van jezelf ontkent.

2. OORDELEN OVER JE LICHAAM

Wanneer je je lichaam afwijst, ervan dissocieert, loskoppelt en je ertegen verweert door het te veroordelen, begin je jezelf nog meer op te sluiten in de kooi van misbruik. Het resultaat is dat je lichaam begint op te zwellen.

Het wordt massief. Het raakt ingesnoerd. Het begint pijnen te krijgen. Er beginnen dingen mis te gaan. Als je lichaam stijver wordt, wordt je denken ook onbuigzamer. Je begint de dingen zwart-wit te zien, of dat ze maar op één manier kunnen worden gedaan. Je verliest je creatieve denken ten gunste van conclusies en vast ingenomen standpunten.

Je kunt ook in gewicht aankomen of je zwaarder voelen. Vaak, als we gewicht in ons lichaam dragen, heeft het meer te maken met zelfhaat, oordelen, beslissingen en conclusies die we over onszelf hebben getrokken, gebaseerd op wat ons in het verleden is overkomen. Zelfs als je geen fysiek gewichtsprobleem hebt, kan het gewicht zich uiten in andere vormen van zwaarte, zoals depressie. Dit kan ook te wijten zijn aan de dichtheid die je in je lichaam vasthoudt rond het misbruik.

Het gewicht kan komen van de giftige stoffen van je misbruikers die je nog steeds vasthoudt. Het kan ook komen door de oordelen die je van andere mensen hebt overgenomen, en ook door de oordelen die je over jezelf hebt. Soms is het een verdediging die je hebt gecreëerd om te proberen jezelf te beschermen tegen andere misbruikers. En door het gewicht te blijven dragen, is de onderliggende boodschap dat ieder ander in je leven voor jou een potentiële misbruiker is.

Verandering creëren vanuit oordelen

Wanneer we naar onze lichamen kijken en besluiten ze te veranderen, komen we vaak vanuit een oordelend standpunt. We voelen onszelf slecht of fout omdat ons lichaam is zoals het is.

Elke keer dat je besluit dat er iets mis is met je,
komt dat voort uit een oordeel.

We kunnen een plan maken om meer te gaan sporten of minder te gaan eten, maar dat plan is meestal gebaseerd op het onszelf elke vorm van plezier te onthouden. Vaak als we misbruikt zijn, hebben we de neiging om onze toevlucht te nemen tot strengere methoden van gewichtsverlies en strikte plannen. We hebben al een imprint over ons lichaam dat misbruikt is, en we houden deze imprint in stand en pushen onszelf in strenge en onrealistische doelen voor gewichtsverlies, die dan de neiging hebben om averechts te werken. We weten niet echt hoe we bevriend moeten raken met ons lichaam, omdat we niet vanuit een vriendelijke houding jegens het lichaam opereren. Op een bepaalde manier houden we het misbruik dat we ervaren hebben nog steeds in stand.

Patronen van disharmonie

In Hoofdstuk Drie spraken we over hoe je emoties harmonisch of disharmonisch kunnen zijn, afhankelijk of je werkt vanuit de lagere harmonische frequenties of de hogere. Vergeet niet dat patronen van disharmonie, ziekte, loskoppeling en verdedigings-drang veroorzaken. Het verstand/lichaam-fenomeen is heel reëel. Het vet en de gifstoffen die in je lichaam zijn opgeslagen, zijn in feite een spiegel van de oordelen, beslissingen en conclusies die je hebt gemaakt. Helaas kiezen velen van ons het gewicht van gifstoffen en oordelen als onze waarheid, in plaats van de licht-heid en expansie van de hogere harmonieën. Maar door ervoor te kiezen het gewicht vast te houden, houd je in feite die oordelen en conclusies als je levensechte werkelijkheid - waardoor je steeds verder en verder in de kooi opgesloten raakt. Wanneer we ons lichaam als iets anders zien dan een geschenk, ervaren we een grondig gebrek aan vrede.

3. DE WAARSCHUWINGEN EN VERZOEKEN VAN JE LICHAAM NEGEREN

Een andere manier waarop we het misbruik in stand houden, is door te negeren waar ons lichaam om vraagt. Ons lichaam heeft een innerlijke wijsheid, die is aangetast door het leven in de 21e eeuw. Misbruik tast deze wijsheid echter nog verder aan. Ontkenning, loskoppeling en dissociatie scheiden ons van de vele waarschuwingen en verzoeken van ons lichaam. Maar al te vaak wordt deze natuurlijke wijsheid verdoofd met eten, alcohol of drugs. Het is verwarrend voor de geest/lichaam wanneer we emotioneel eten of toegeven aan lekkere trek. Het negeren van de innerlijke wijsheid van het lichaam drijft ons verder weg van onszelf. Sociaal gezien wordt het normaal gevonden om ons op deze manier te gedragen in plaats van te luisteren naar wat ons lichaam nodig heeft.

Ik maakte een poos terug iets mee. Ik besloot naar een van mijn favoriete glutenvrije, Indiase restaurants te gaan. Ik was daar al eerder geweest en ik vond het altijd heerlijk. Maar toen ik erheen reed, begon mijn lichaam me te vertellen: "Nee, dit is nu niet goed voor je." Ik dacht dat ik er wel overheen zou komen als ik er eenmaal was, maar toen ik begon te eten, smaakte het niet goed. Toch stopte ik niet. Het eten viel niet goed in mijn lichaam. De hele nacht voelde ik me ongemakkelijk, maar dat kwam niet alleen door het eten, het kwam ook doordat mijn denken en mijn lichaam met elkaar in oorlog waren. Ik had niet naar mijn lichaam geluisterd, hoewel het me duidelijke aanwijzingen gaf.

DAGBOEK OEFENING: EET JIJ BEWUST?

Hoe vaak heb jij ook de waarschuwingen van je lichaam genegeerd en gegeten terwijl je geen honger had, of toen je verdrietig was, of boos? Hoe vaak heb je gegeten terwijl je lichaam "Nee" zei, omdat je uit eten ging of naar een sociaal gebeuren?

Houd bij wanneer je honger hebt. Vraag jezelf af: Heb ik honger of ben ik van streek? Heb ik dorst of heb ik een vriend nodig, een knuffel, een wandeling? Begin te letten op wat je lichaam je eigenlijk probeert te vertellen.

HET HELEN VAN MISBRUIK VAN HET LICHAAM

Wat de meeste mensen - ook de conventionele therapeuten - niet begrijpen, is dat als je misbruik zou willen helen, de eerste plaats waar je naartoe moet, het lichaam is. Ik moet het tegendeel nog zien. Helaas is het vaak de laatste plaats waar je naartoe wilt. Het belangrijkste om te beseffen is dat misbruik de scheiding tussen geest en lichaam vergroot, en dat het genezen van misbruik die kloof van verwijdering dicht. Je moet letterlijk leren hoe het trauma van het lichaam los te maken. Het is van vitaal belang te leren hoe je een fysieke disharmonie oplost, zodat je één kunt zijn met je lichaam.

Als je één bent met jezelf, ben je één met alles - alle moleculen in
de wereld. Als je gescheiden bent van je lichaam, ben je gescheiden van alles.

De eerste stap is te weigeren dat misbruik uit het verleden nog langer macht over je heeft. We hebben in dit boek vaker de boodschap herhaald dat een van de meest waardevolle dingen aan jou je vermogen is om te kiezen. Je eerste stap is de keuze maken om niet langer toe te staan dat de behoeften van anderen die van jezelf overstemmen, je lichaam te veroordelen of diens verzoeken te negeren.

Stoppen met oordelen

Het is essentieel om onder ogen te zien hoe het misbruik uit je verleden in je lichaam zichtbaar is. In plaats van jezelf te zien als dik, lelijk, slecht of fout, kun je beginnen in te zien dat deze oordelen van iemand anders of uit een andere tijd stammen, en beginnen je lichaam te creëren vanuit een gevoel van goedheid en heel zijn. In plaats van te proberen ons lichaam te veranderen door oordelen en straffen, kunnen we keuzes maken op basis van een nieuw paradigma van 'oplossen'. Dit betekent dat we ervoor kiezen om onszelf en ons lichaam te bekijken vanuit een ander bewustzijnsniveau, een bewustzijn dat gebaseerd is op vriendelijkheid, koestering en zorgzaamheid in plaats van schuld, schaamte, spijt en zelfbestraffing. Naarmate we ons oordeel over ons lichaam loslaten, beginnen we meer en meer het verband te zien tussen het gewicht dat we op ons lichaam dragen en de zwaarte van het misbruikprobleem.

Je stopt met oordelen over je lichaam als je stopt met jezelf af te wijzen, af te stoten en uit te sluiten van alle mogelijkheden. Je gezondheid, je lichaam (samen met je geld, rijkdom en relaties, die we in de volgende hoofdstukken zullen onderzoeken) hebben allemaal te maken met het afwijzen, afstoten en jezelf uitsluiten van alle mogelijkheden.

Wat zou je ervoor nodig hebben om de blijheid van
mogelijkheden met je lichaam te creëren
door jezelf te accepteren en te omarmen als een
mogelijkheid?

Je lichaam is een systeem dat genot ervaart. Maar inmiddels heb je de ervaring van genieten waarschijnlijk volledig uitgebannen, of het plezier dat je toelaat verwrongen en vervormd of beperkt tot onmiddellijke genoegens zoals chocolade of andere tijdelijke hoogtepunten. Toch is je lichaam gemaakt voor plezier en bestemd voor gelukzaligheid.

DAGBOEK OEFENING: VERANDER DE FOCUS VAN JE ETEN

Wat kun je doen in plaats van de gebruikelijke routine van het nieuwste dieetplan of de nieuwste rage die je ertoe brengt je lichaam te veroordelen, om het plezier in je lichaam te vergroten, zodat je focus niet langer is gericht op wat er fout aan is? Vraag jezelf niet af hoe je gewicht kunt verliezen of je lichaam kunt veranderen. Vraag jezelf af hoe je de patronen van oordelen kunt loslaten die het daar vasthouden.

Schrijf 10 oordelen op die je hebt over je lichaam. Kies daar de komende week elke dag, voor elk oordeel dat je hebt opgeschreven, een andere actie voor in de plaats.

Luisteren naar je lichaam en prioriteit geven aan wat jij nodig hebt

In het nieuwe paradigma van 'oplossen' dwing je je lichaam niet langer om te veranderen. Je neemt je voor om de oorlog met je lichaam te stoppen, wat er ook voor nodig is om die verandering te maken. Je moet bereid zijn om dat besluit te nemen. Je moet bereid zijn om zichtbaar te zijn en om je behoeften te laten overheersen. Vergeet niet dat als je misbruikt werd, de behoeften van alle anderen zichtbaarder werden dan die van jou. Je moet besluiten om je eigen behoeften zichtbaar te maken. Het universum zal je laten zien dat het achter je staat. Maar je moet bereid zijn om ook achter jezelf te staan.

Leren communiceren met je lichaam en het vragen wat het nodig heeft kan een grote verandering teweegbrengen. Zelfs regelmatig vragen: "Hallo lichaam, wat heb je nu nodig?" stelt je in staat te erkennen dat je een lichaam hebt en de patronen van dissociatie te beëindigen.

Als je al een tijdje niet meer verbonden bent met je lichaam, kan het zijn dat je in eerste instantie niet begrijpt wat het zegt. Als er iets in je lichaam naar boven komt, kun je jezelf vragen stellen als: "Als mijn lichaam (of dit deel van mijn lichaam: benoem het) kon spreken, wat zou het dan zeggen? Wat vertel je me? Is dit voor nu, of is het voor later?" (Met betrekking tot de laatste vraag: soms laat je lichaam je iets zien dat erom vraagt geheeld te worden in een diepere healing-sessie wat niet gepast zou zijn om te doen als het naar boven komt).

OEFENING: BEWEEG, BEWEEG, BEWEEG

Soms word je wakker met een zwaar of dicht gevoel in je lichaam en je weet niet waarom. In plaats van deze toestand te accepteren, vraag je wat je kunt doen om er overheen te komen. Ga op de loopband. Ga naar buiten en beweeg je lichaam. Ga drummen, klappen, dansen of zingen. Beweeg je lichaam gedurende 30 seconden en kijk wat er verandert. Verleng dit tot een minuut of twee.

Je kunt ook een timer zetten op 15 minuten en de volgende zin opschrijven: Eén ding dat mijn lichaam niet wil dat ik weet is ______________ (maak de zin af). Doe dit 15 minuten lang, verscheur het dan en ga verder met je dag.

Vergeet niet dat misbruik niet zomaar een gebeurtenis is - het is een 'full-body' ervaring. Geen enkel deel van je ontsnapt aan het voelen ervan, maar je kunt de gevoelens die opkomen veel sneller veranderen dan je misschien beseft.

Handel naar elke erkenning die je lichaam je geeft.

Ik zeg tegen mensen aan het begin van mijn Body Class dat ze zich moeten voorstellen dat ze hun hoofd op een hangmat aan het strand leggen en hun lichaam de kans geven om te erkennen wat ze weten. Voor veel mensen is het hoofd de plaats geworden van waaruit ze door het leven navigeren, en in plaats daarvan willen we de wijsheid en het bewustzijn dat het lichaam heeft erbij betrekken. Het lichaam weet alles. Je hebt gewoon geleerd het niet te vertrouwen. Zeg keer op keer: "Hallo lichaam, hallo lichaam, hallo lichaam." Daar zit een zekere kwetsbaarheid in. Je kunt die ruimte van kwetsbaarheid in gaan en het expanderen, wat je toelaat zoveel meer te ontvangen.

Ons lichaam is aanpasbaar en briljant en het heeft geweldige capaciteiten. Wanneer we de genialiteit inzien van wat ons lichaam kan zijn, kunnen we functioneren vanuit zijn machtige en dynamische kracht.

OEFENING: EEN NIEUWE DAG

Doe voor een dag alsof je lichaam overal gelijk in heeft. Wat voor gewaarwording het je ook geeft, doe gewoon alsof je je er voor die dag toe verbindt om ernaar te handelen. Wat voor een toekomst zou dat creëren?

Samengevat, je bent waarschijnlijk gewend om je lichaam te veroordelen, zijn waarschuwingen en verzoeken te negeren, en de behoeften van anderen boven die van jezelf te stellen. Onderdeel van het helen van het misbruik is het hele lichaam erbij te betrekken en weer in contact te komen met diens intelligentie. Het lichaam weet veel meer dan je beseft, en als je je hoofd buiten beschouwing laat en leert naar je lichaam te luisteren, zul je meer bewust aanwezig zijn en een betere relatie met jezelf en de aarde ervaren.

HOOFDSTUK ZES: RELATIES EN SEKSUALITEIT

Als je op elk gebied misbruikt bent, is de kans groot dat seks en relaties niet zo gemakkelijk voor je zijn. Het simpele feit is dat je je lichaam nodig hebt om wat voor soort relatie dan ook te hebben en, zoals we in het laatste hoofdstuk hebben besproken, is het lichaam de plaats waar veel van de problemen rond misbruik zijn opgeslagen.

Er zijn een heleboel manieren waarop we seks en relaties kunnen onderzoeken als het gaat om misbruik. In dit hoofdstuk gaan we ons richten op twee van de belangrijkste:

- Je merkt dat je dingen verzint waarvan je denkt dat ze in je relatie gebeuren, maar die eigenlijk niet waar zijn.

- Je merkt dat je uit je lichaam treedt tijdens de seks.

Als je kunt stoppen met in je hoofd te gaan zitten en je relatie uit te vinden, en kunt leren om in je lichaam te blijven terwijl je seks hebt, dan zul je verbinding en intimiteit op een heel nieuw niveau ervaren.

JE RELATIE UITVINDEN

Relaties kunnen een gelukkige verbondenheid vormen, maar ze kunnen ook vol conflicten, trauma, drama en pijn zitten. De meesten van ons hebben zijdelings wel een beetje verbondenheid meegemaakt, maar het bord vol conflicten stond centraal. Zijn jouw relaties vol blijdschap en plezier? Of zijn ze beklemmend en verstikkend? Ervaar je verbondenheid of ervaar je verwijdering?

Een flink deel van de problemen die we in relaties hebben, komt voort uit 'het uitvinden van problemen'. Uitvindingen zijn de leugens die je jezelf vertelt, de dingen die je verzint en de verhalen over wat er aan de hand is, die eigenlijk niet waar zijn. Hier richten we ons voornamelijk op hoe je dit doet in je primaire relatie, maar het fabriceren van verhalen kan zich ook in andere delen van je leven voordoen.

We creëren onze respons, reacties en communicatie op basis van de bedenksels die we hebben over de relatie. Ze weerhouden ons van het ervaren van de echte intimiteit waar we naar verlangen. Waarom komt dit patroon zo vaak voor bij misbruik? Het komt, zoals altijd, neer op de onzichtbare kooi.

Als je opgesloten zit in de kooi, heb je een gesprek met jezelf.

Je verzint een gesprek met jezelf op basis van je patronen en ervaringen en projecteert je conclusies vervolgens op je partner, je geliefden, je kinderen, enzovoort.

De wrede grap is dat je nooit onder woorden brengt wat er werkelijk in je hoofd omgaat tegen je partner of geliefde. In plaats daarvan vervorm en verdraai je wat zich voor je afspeelt door je projecties, en de relatie raakt daardoor vervormd en verdraaid. In plaats van de persoon van wie je houdt, wordt het de persoon die je wilt vermoorden! Je brengt je woede naar buiten vanuit de onderdrukte stem binnenin je, zonder dat je partner ooit begrijpt wat er werkelijk aan de hand is.

Deze bedenksels zijn als een stil gas, dat naar buiten sijpelt in de relatie, maar niet echt benoemd wordt. Je weet waarschijnlijk niet eens dat het fabricages zijn, omdat je er niet eens naar kijkt en er vragen over stelt.

Een vraag die je zou kunnen stellen voordat je reageert is: "Is dit echt waar of is het een uitvinding?" Maar zo'n vraag heb je tot nu toe waarschijnlijk nog niet eens gesteld. Je maakt het gewoon waar, gelooft dat het waar is, handelt ernaar en creëert van daaruit. Terwijl je dat doet, sluit je jezelf steeds verder op in de kooi, terwijl je tegelijkertijd ook je partner buiten je kooi sluit.

Omdat je je partner eigenlijk nooit zegt wat er werkelijk met je aan de hand is, stelt hij of zij op zijn of haar beurt nooit echt vragen of stelt dingen nooit ter discussie. Ze kunnen iets zeggen in de trant van: "Je bent gek" of "Dit doe je de hele tijd" of "Misschien moet je hulp gaan zoeken." Maar ze weten niet hoe ze echt moeten vragen wat er voor jou aan de hand is. Je bent er zelf niet mee in contact, dus zij kunnen evenmin met jou in contact zijn.

Aanwijzingen dat je je relaties uitvindt

De eerste stap om voorbij de bedenksels te komen en naar de ruimte van werkelijke verbinding is de bedenksels onder ogen te zien die je in je relatie gebruikt in plaats van je relatie te baseren op verhalen die niet waar zijn. Deze verzinsels weerhouden je ervan de ware intimiteit te ervaren waar je naar verlangt.

Dus hoe weet je of je je relatie aan het bedenken bent? Er zijn vier tekenen om je bedenksels te spotten:

1. Jouw behoeften doen er niet toe en de behoeften van je partner zijn bepalend.
2. Je voelt je afhankelijk van je partner en tegelijkertijd neem je het hem kwalijk.
3. Je hebt onuitgesproken en onbewuste afspraken gemaakt, zoals: "Als jij voor me zorgt, me financiële zekerheid en bescherming biedt, dan zal ik voor jou zorgen. Ik zorg voor het eten. Ik zal voor je klaarstaan. Ik zal doen wat je verlangt."
4. Je herkent niet meer wie je bent. Je hebt een personage of een rol voor jezelf gecreëerd. Het is wie je denkt dat je moet zijn, zodat er van je wordt gehouden. Hoogstwaarschijnlijk heb je nooit gevraagd of dit iets is wat je echt moest zijn.

Je bedenksels zijn gebaseerd op het verleden

De bedenksels die je steeds weer uitspeelt in je relaties, komen voort uit de oude patronen van misbruik die je hebt ervaren. Het zijn vaak patronen van wat je hebt geleerd in relaties of wat je is ingeprent, en meestal gevuld met projecties, scheidingen, verwachtingen, afwijzingen, verbittering en spijt. Dus, in plaats van je verleden te overwinnen en een nieuwe vorm van intimiteit te creëren, sluit je jezelf op in de kooi van misbruik, je verleden herbelevend en jezelf nog verder opsluitend in deze leugens en verzinsels. Vaak dringt niet echt tot je door wat er vlak voor je neus gebeurt, of de pracht van de persoon die heeft besloten zijn leven met je te delen.

Door dezelfde dynamiek met je partner te herhalen die je in je kinderjaren hebt ervaren, creëer je 'waarheden' over de ander die eigenlijk fabricages zijn. Dit wordt de manier waarop je met hen omgaat en communiceert - het is allemaal gebaseerd op die verzinsels. Deze bedenksels dienen echter alleen om je te ontkrachten, ook al maak je ze over iemand anders. Het wordt een dynamiek van verbittering die eigenlijk gewoon een krankzinnige conversatie is die je met jezelf voert vanuit de kooi.

Als je de andere persoon voor je niet herkent en je gelooft de leugens, de projecties, de verwachtingen, de rancunes, enzovoort, dan creëer je in feite je relaties op basis van die filters. Je creëert eigenlijk een relatie gebaseerd op een leugen. Dit is wat het overgrote deel van de wereld 'een relatie' noemt.

Dit is niet alleen misbruik van jou - het is ook misbruik van je partner. Dat is wanneer de relatie een oorlog tussen twee mensen wordt. Want al deze onbewuste overtuigingen waar je je relaties omheen hebt gecreëerd, waren gebaseerd op beperking, onbewuste besluitvorming en je eigen conversatie met jezelf.

Het is zinvol om te bedenken dat als je dit doet, het je waarschijnlijk ook is voorgedaan door je ouders of primaire verzorgers. Mijn vader was veel weg, en ik herinner me dat als hij thuiskwam, mijn ouders blij waren elkaar te zien. Maar ik was me er ook van bewust dat mijn moeder kwaad was dat hij niet vaker thuis was om haar te helpen met de drie kinderen. En ik wist energetisch ook dat hij daar niet wilde zijn.

Hij zei het niet, maar ik voelde het. Ik keek naar deze dynamiek en voelde het verschil tussen hoe ze zich gedroegen en wat niet gezegd werd. Hun geveinsde poging tot genegenheid voelde niet goed voor mij. Ik wist dat het een leugen was. Ze voerden personages op voor elkaar en voor de kinderen. Ze spraken niet over de onderliggende problemen waar wij bij waren, maar deze kwesties kwamen tot uiting in hun daden. Mijn moeder zette het bord bijvoorbeeld met een klap op tafel als ze mijn vader te eten gaf, en hij reageerde met een 'onzichtbare' uitdrukking van haat. Ze reageerden zich af met hun gedrag, zonder hun stem. Dit zijn de onbewuste bedenksels die zich afspelen in relaties, die de relatie creëren als oorlog, conflict en drama - in plaats van vreugde en verbondenheid.

Een nieuw model voor relaties

Relaties zijn gemaakt om jou en je partner in staat te stellen om samen te groeien, aan elkaar bij te dragen en elkaar vreugde te schenken.

Ik leef niet in een utopisch ideaal waarin ik geloof dat er geen conflicten zullen zijn. Maar ik geloof wel dat we alles en iedereen kunnen veranderen, inclusief hoe we ons in relaties gedragen. Het kan een hele uitdaging zijn om verandering tot stand te brengen als je je relatie blijft baseren op het fabriceren van problemen. Als je leeft in het 'land van de bedenksels', dan praat je niet eens over wat waar is. In plaats daarvan discussieer je over zaken die niet eens echt zijn.

Als je ooit in een relatie een of andere ruzie hebt gehad en iets hebt gezegd in de trant van: "Ik weet niet eens waar we ruzie over maken," dan weet je wat ik bedoel. Soms kunnen we herkennen wanneer het een verzinsel is, en het getuigt van geweldige kracht om jezelf halverwege te stoppen en te zeggen: "Dat was helemaal mijn bedenksel. Het spijt me. Het ging allemaal over XYZ, en heeft niets met jou te maken."

De meesten van ons hebben het echter niet door wanneer we in een bedenksel zitten, omdat het vaak zo echt lijkt, vooral als er emoties aan gekoppeld zijn. Het probleem is dat de emoties getriggerd worden *op basis van onze ervaringen uit het verleden*, en als we emotioneel belast zijn, dan lijkt het des te echter.

Zodra je meer vanuit bewustzijn functioneert en minder vanuit je patronen, stelt dat je in staat om op deze momenten een keuze te maken. Je bent in staat om jezelf af te vragen:

- Wie ga ik kiezen om te zijn?
- Wil ik een leugen zijn of een personage en opgesloten zitten in de kooi van misbruik?
- Wil ik resoluut en met een vastberadenheid qua bewustzijn opstaan en verbondenheid creëren?

Je hebt een keuze om een nieuwe mogelijkheid te creëren en samen een grotere expansie te ervaren op alle manieren waarop je je verhoudt - gemeenschappelijk, seksueel, financieel, fysiek, emotioneel, mentaal, psychologisch en spiritueel.

DAGBOEK OEFENING: RELATIE OVERTUIGINGEN

Schrijf elke overtuiging op over relaties die in je achterhoofd sluimert en stel jezelf de vraag: "Is het echt waar?" Doe dit over wat het ook is dat je denkt, voelt en waarneemt over relaties.

Een van de technieken die ik in Access Consciousness® heb gebruikt is het hulpmiddel van licht of zwaar om te bepalen of iets waar of onwaar is. Vraag jezelf af: "Is dit waar?" Als het licht aanvoelt betekent het dat het waar is. Als het zwaar aanvoelt, betekent het dat je meer vragen moet stellen en dat je waarschijnlijk in de gefabriceerde leugen trapt.

Als je in een relatie zit, praat dan met je partner nadat je deze dagboekoefening hebt voltooid. Ga met hem of haar in gesprek (als het beter is om het gesprek met een derde partij te voeren, stel ik voor dat je een vertrouwenspersoon zoekt om te helpen bij een aantal van de mogelijk lastigere onderdelen). Open de deur van de kooi voor wat verbondenheid. Deel wat je al die tijd hebt geloofd, waargenomen en waar je je bewust van bent, zodat zij je kunnen helpen de waarheid te onderkennen, voorbij je eigen filters. Als je dat doet, sta er dan ook voor open dat wat je deelt, gebaseerd is op een leugen die voortkomt uit je vroegere program- mering en levenservaringen. We beogen een nieuw niveau van bewuste communicatie in jullie relatie te openen, voorbij wat jullie beiden voorgespiegeld werd om te geloven als waar. Ware verbondenheid voorbij oordeel zal jullie helpen om jullie kooi nog verder te openen.

**Deze beoordeling van jullie relatie is voor jou, om niet langer in de kooi van misbruik te leven. Het kan heilzamer zijn om zelf eerst met iemand te praten, en dan de deur te openen naar de mogelijk nog lastigere gesprekken met je partner.

SEKS EN RELATIE

Rond seks en misbruik kunnen veel problemen rijzen, vooral als het misbruik dat je hebt meegemaakt seksueel van aard was. Als je misbruikt bent, is een van de belangrijkste dingen die kunnen gebeuren, dat je 'verdwijnt' tijdens de seks. In Hoofdstuk Twee hebben we het gehad over ontkoppeling. Verdwijnen tijdens de seksuele daad - naar onze veilige plek gaan of ons verder terugtrekken in de kooi - kan vaak getriggerd worden tijdens de seks.

Merk je van jezelf dat je verdwijnt tijdens de seks?

Stel je dit scenario voor en kijk of het je bekend in de oren klinkt:

Je ligt op je rug in een kwetsbare houding. Het wordt verondersteld fijn, leuk en genoeglijk te zijn, maar iets maakt dat je wordt getriggerd. Het kan een blik van je partner zijn of iets wat hij of zij zegt of doet dat je herinnert aan de oorspronkelijke daad. Onmiddellijk gaan je gedachten naar het misbruik uit je verleden, de herinneringen, de vlucht-of-vecht reactie, enzovoort. Je begint je adem in te houden. Het voelt veiliger om je lichaam te verlaten en dat doe je, waarbij je het misbruik uit het verleden in stand houdt en de boel weer laat leiden. Je dissocieert en scheidt je af van jezelf, maar je zegt niet wat er aan de hand is, vooral omdat het waarschijnlijk vergelijkbaar is met de positie die je innam toen je voor het eerst misbruikt werd. Je blijft daar, doet alsof en de tralies van de kooi gaan op slot. Hoogstwaarschijnlijk ervaar je geen genot. Als je het wel ervaart, is het niet de diep bevredigende soort. Je doet alsof of veinst dat het fijn was.

Wanneer dit gebeurt, stel je jezelf misschien een of al deze vragen:

- Wat is er aan de hand?
- Wat is er mis met mij?
- Zal ik ooit van seks kunnen genieten?

Ik zal mijn invalshoek op alle drie deze vragen hieronder delen.

Wat is hier aan de hand?

Wat gebeurt er eigenlijk in de kooi van misbruik als je zo getriggerd wordt? In wezen kan het plezier en genot van seks niet worden ontvangen omdat jij en je behoeften onzichtbaar zijn geworden.

Je leeft naar het oordeel dat je hebt geveld tijdens het misbruik uit je verleden.
Je bent opgehouden te bestaan. Je behoeften werden toen beperkt. Jouw behoeften deden er niet toe. Jij deed er niet toe.

Dus tijdens de seks geef je geen uiting aan jouw behoeften en worden de behoeften van je partner belangrijker. Maar hoe kan seks leuk en plezierig zijn als jij er niet eens bent?

Wat is er mis met mij?

Er is niets mis met jou. Ik weet dat je dit verstandelijk misschien op zoveel verschillende manieren hebt gehoord, vooral als het over misbruik gaat. Maar deze ervaring van het verdwijnen tijdens de seks is niets om je voor te schamen. Ik heb dit vele malen gedaan en duizenden van mijn cliënten hebben dit ook gedaan. En tegenwoordig heb ik echt plezierige, radicale en orgastisch bruisende seksuele ervaringen. Dit betekent dat jij dit ook kunt.

Echter, als je oordeelt dat het jouw schuld is dat je verdwijnt, houd je jezelf opgesloten in de kooi. Dus, de eerste stap als deze automatische reactie wordt getriggerd, is voor jezelf een pauze in te lassen. Er is niets mis met je als je verdwijnt tijdens de seks. Je moet gewoon erkennen wat er gebeurde, dat maakte dat je verdween, je loskoppelde of dissocieerde. Er zal iets gebeurd zijn, of iets dat je partner zei of deed, of een manier waarop hij of zij je aanraakte dat de flashback van het misbruik triggerde. Dus, het eerste wat je kunt doen is het erkennen en erover praten. Maar de meesten van ons houden hun mond dicht, met onze lichamen verstijfd en bevroren - we scheiden ons energetisch af. Als je erkent wat er gebeurd is, kun je een nieuw verhaal creëren in het nu - niet alleen met jezelf en je lichaam - maar ook met de persoon recht voor je (of boven op je of naast je!).

Zal ik ooit van seks kunnen genieten?

Je kunt weer van seks beginnen te genieten als je bereid bent om jouw behoeften te laten tellen. Dit vereist dat je voor jezelf kiest. Het vereist ook dat je niet langer onzichtbaar bent. Vervolgens vereist het dat je stopt met de oorlog van oordelen over jezelf. In het laatste hoofdstuk hebben we het gehad over opnieuw contact maken met je genotscentra en genieten van het leven in je lichaam. Dit is verbinding op alle niveaus van je lichaamsbeleving en is niet exclusief voorbehouden aan seks.

Hoe herken je of je je lichaam hebt verlaten tijdens de seks

Als je mentaal of emotioneel je lichaam of je partner verlaat te midden van de seksuele daad, wordt wat misschien goed voelde plotseling zwaar, beklemmend en dicht. Dat is het eerste teken dat er iets is gebeurd dat je heeft getriggerd waardoor je je terugtrok in de onzichtbare kooi. Je kunt merken dat je jezelf veroordeelt en gedachten hebt als: "Kom terug naar het nu. Dit is je partner. Je voelt niets. Ze kunnen zien dat je er niet meer bent."

Of anders kan het ook een zelfoordeel zijn over een bepaald deel van je lichaam dat je de kooi in lanceert. Je partner begint een deel van je lichaam aan te raken waar je je niet prettig bij voelt, zoals je heupen, en je begint een innerlijke dialoog met jezelf. "Hoe kunnen ze me daar aanraken. Ik voel me zo dik en onaantrekkelijk," en nu voel je je zwaar en beklemd doordat iemand naar je verlangt en je begeert. Terwijl je je verder in je hoofd terugtrekt, begin je je af te scheiden. En voor je het weet, doe je alleen maar alsof en ben je niet meer aanwezig.

Meer aanwezig zijn tijdens de seks

Ben je ooit echt aanwezig geweest tijdens de seks? Zo ja, dan heb je misschien gemerkt dat het een veel aangenamere ervaring is. En als dat niet zo is, dan heb je de keuze om je lichaam en jezelf opnieuw te trainen, zodat het voor jou mogelijk wordt.

Het eerste wat we moeten doen, is de energie erkennen die ons niet toelaat om seksueel aanwezig te zijn. Het is een wake-upcall uit een slaapwandelende werkelijkheid. Je kunt deze energie van doodsheid veranderen door het te erkennen, te bevragen, te omarmen en te belichamen. Het lijkt veel op surfen op een golf in de oceaan. Heb je ooit geprobeerd tegen een golf in de oceaan te vechten? Zij wint. Jij verliest. Maar als je op de golf surft, erop en eraf, erop en eraf, heb je zo'n lol en kun je je op de golf naar de kust laten meevoeren.

In plaats van te proberen jezelf te repareren, of jezelf als een
probleem te beschouwen,
of een probleem te hebben dat opgelost moet worden, of
jezelf erover te veroordelen,
wat als je begint je lichaam te erkennen voor de
aanwezigheid die het is?
Wat als je je lichaam erkent, nu meteen op dit moment?
Leg je hand op je thymus (hartcentrum) en de andere op je
schaambeen.

Adem in!
Zeg, "Hallo Lichaam! Hallo Lichaam! Hallo Lichaam!"
Adem!

Vergeet niet dat we alleen maar iets doen, omdat er een voordeel aan verbonden is. Het punt is dat het voordeel werd behaald in een tijd, een plaats, een situatie en meestal een tijdperk dat al lang geleden is geweest. In wezen is de beslissing achterhaald, maar het gedrag is nog steeds actueel.

Om verder te gaan na die oude manier van uitchecken, begin je te kijken naar de behoeften van je lichaam als een mogelijkheid in plaats van een beperking. De beperking zou zijn om je van jezelf af te scheiden en door te gaan met de daad, en er niets aan te doen. De mogelijkheid zou zijn om tijdens de daad te erkennen wat er gaande is. Kijk in je lichaam en zie hoe het eraan toe is. Is het dicht, zwaar en beklemd of licht, expansief en vrij? Of is het een beetje van allebei? Vraag dan aan jezelf wat je lichaam nodig heeft om het patroon te veranderen.

DAGBOEK OEFENING: SEKSUEEL BEWUSTZIJN

Stel jezelf de volgende vragen:

Wat is het voordeel dat ik verdwijn tijdens de seks?

Hoe heeft dat mij geholpen?

Heeft het me veilig gehouden of me beschermd?

Heeft het me op een bepaalde manier controle gegeven?

Als ik ergens om zou kunnen vragen tijdens die momenten, wat zou ik dan willen? Vermoedelijk heb je het nog nooit aangedurfd om iemand tijdens de seks tegen te houden, of misschien doe je dat altijd wel. Hoe dan ook, zou je hier iets aan willen veranderen? En, zo ja, wat?

Wakker worden

Door een gesprek te beginnen over de vraag of je verdwijnt tijdens de seks, nodig ik je eigenlijk uit om wakker te worden. Dit betekent wakker worden voor jezelf. Wakker worden houdt in dat je kijkt naar wat je op een bepaald moment kiest - bewust of onbewust - om te zien of het voor jou werkt. Door gewoon een dialoog met jezelf aan te gaan over seks, zul je beginnen te begrijpen hoe aanwezig je eigenlijk bent.

Het vergt moed om werkelijk aanwezig te zijn en te kijken naar wat er gaande is in je seksuele relatie met je wederhelft, omdat het zal betekenen dat dingen misschien zullen veranderen.

*Ben je meer geïnteresseerd in dat de dingen hetzelfde blijven of
ben je meer geïnteresseerd in eerlijk zijn tegen jezelf?*

De keuze maken om aanwezig te zijn tijdens seks, stelt je in staat om bewuster en authentieker te leven op een groot aantal niveaus. Als je ervoor kiest om met elkaar samen te zijn tijdens seks, sta je toe dat de seksuele handeling voedend en eerbiedigend is in plaats van losgekoppeld en buitengesloten. Je beëindigt de cyclus van misbruik in het proces. Het is kiezen voor wat het liefste is voor je lichaam, je seksualiteit en je wezen. En het is een van de sleutels tot radicaal springlevend leven.

Een van de dingen die ik altijd tegen mensen zeg als ik met ze werk, is om jezelf te associëren met tijd en plaats: "Oké, dit is mijn man, dit is mijn partner, het is zaterdag 14.00 uur. Dit is de persoon van wie ik hou, dit is de persoon die ik koos om een relatie mee te hebben." Vraag dan rechtstreeks aan je lichaam: "Lichaam, wat gebeurt er voor jou?"

Wanneer je incheckt bij je lichaam en ernaar begint te luisteren, is dit één manier om voorbij doodsheid naar radicaal springlevend zijn te gaan, om van de automatische piloot naar betrokkenheid te gaan, en om vanuit het lijden naar blijdschap te gaan. Want op dat moment is het enige wat er gebeurt, dat je je hebt losgemaakt van je man of je partner. Op dat moment zonder je je eigenlijk af van het ontvangen. Dit is een patroon - een manier van zijn die je afzondert van alle niveaus van ontvangen, of dat nu financieel, emotioneel, lichamelijk of seksueel is.

Samenvattend, de twee meest voorkomende manieren waarop we problemen in relaties ervaren als we misbruikt zijn, zijn het fabriceren van problemen en het verdwijnen tijdens de seks. Deze problemen zijn niet uitsluitend voorbehouden aan misbruik, maar ze komen zeker veel voor bij mensen die misbruikt zijn. Ons meer bewust worden van het feit dat we problemen fabriceren, en meer in contact komen met het lichaam als we het hebben verlaten, zijn twee manieren waarop we deze problemen kunnen oplossen en meer aanwezig kunnen zijn in de relatie. In het volgende hoofdstuk zullen we de derde manier onderzoeken waarop misbruik ons leven beïnvloedt, en dat is op het gebied van carrière en geld.

HOOFDSTUK ZEVEN: GELD EN CARRIÈRE

Is het je ooit opgevallen dat misbruik zich ook manifesteert in je geld, carrière en financiën? Het is misschien minder duidelijk dan in je lichaam en relaties, maar het speelt nog steeds een belangrijke rol. De manier waarop we onszelf waarderen als gevolg van het misbruik en het niveau waarop we onszelf toestaan om te ontvangen, zijn vaak direct aan elkaar gerelateerd. We nemen er genoegen mee te werken voor een baas of iemand die onaardig is. We doen concessies aan onze dromen en we ondermijnen de waarde van onszelf in het proces. Dit zijn allemaal vormen van zelfmisbruik. Als we aan misbruik denken, denken we meestal aan lichamelijk misbruik en seksueel misbruik. Maar het zijn niet alleen degenen die misbruik hebben meegemaakt die vaak een tumultueuze relatie met geld hebben. Het is ook een van de manieren waarop we elkaar misbruiken in relaties.

In dit hoofdstuk gaan we ons richten op de manier waarop je de toestroom van geld in je leven kunt hebben geblokkeerd door programmering en conditionering. We zullen ook bekijken hoe je anderen wellicht hebt toegestaan misbruik van je te maken rond geld en financiën.

Misbruik rond geld

Geldmisbruik is wat lastiger vast te stellen. We zijn ons vaak niet bewust van de overtuigingen of standpunten waar we aan vasthouden rond geld, of de geheimzinnigheid en schaamte die we met ons meedragen en die als een schaduw kronkelt over de manier waarop we met geld omgaan. Deze schaduw rond geld is er altijd, loerend op de achtergrond. Je weet niet wat het is - het voelt gewoon 'raar' of 'verkeerd'. Je weet het niet echt zeker, want het lijkt niet op misbruik, tenminste niet op de manier waarop lichamelijk of seksueel misbruik dat doet.

Jouw geld programma's

Er is mogelijk geen erger gemanipuleer dan de controle en manipulatie met geld op de werkplek, in gezinnen, in kerken, in sektes en in religies. Het is allemaal een vorm van indoctrinatie. Het is een manier om de radicaal springlevende wezens die we werkelijk zijn, op een bepaalde manier ingeperkt, afgegrensd en onder controle te houden. Het is hoe we worden gecontroleerd en aangeleerd om niet op te vallen.

Vanaf het moment dat we geboren worden, pikken we onbewust allerlei ideeën rond geld op. Ons wordt verteld: "Geld is de wortel van alle kwaad," of "Trek geen te grote broek aan." We zijn vaak geprogrammeerd om niet meer te verdienen dan wat onze families hebben verdiend. Veel van onze culturele programmering is dat middelmatigheid een goede zaak is, iets waar we naartoe zouden moeten werken. En dan leiden we ons hele leven verder volgens deze onbewuste programma's, terwijl een dieper deel van ons weet dat er meer moet zijn dan waar we genoegen mee hebben genomen.

In een van mijn radioprogramma's was ik co-host van een programma met de wereldberoemde business coach Simone Milasas. Ik vroeg Simone naar de grootste blokkades die zij zag bij de mensen die zij coacht naar een meer vreugdevolle zakelijke relatie. Ze wees erop dat voor de meeste mensen de bron van alle blokkades hun onvermogen was om zich over hun verhaal rond geld heen te zetten.

Ze vertelde hoe een vriend van haar een subtiele vorm van misbruik rond geld had ervaren. Zijn ouders hadden de hele tijd ruzie en zeiden: "We kunnen dit niet doen want we hebben een kind," of "We hebben nu geen geld want we hebben een kind." Hij was enig kind. Hij groeide zijn hele leven op met de gedachte: "Mijn ouders hebben geen geld omdat ze mij kregen," en "Ik moet de schade goedmaken die ik heb aangericht door geboren te worden."

Op het moment van het radioprogramma woonde hij nog steeds bij zijn ouders. Hij werkte en probeerde hen te onderhouden in plaats van zijn eigen leven te creëren. Het is een boodschap die hij ongemerkt heeft meegekregen in zijn jeugd, en hij kiest er nog steeds voor om dat verhaal te leven in het heden.

Dit soort patronen die we leren, vormen een vorm van biomimetische mimicry. Zoals je je van Hoofdstuk Vier herinnert, herhalen we wat ons is aangeleerd. We blijven onszelf misbruiken als het om geld gaat door de omstandigheden van onze vroegste programmering te herhalen. We krijgen iemand anders zijn pijn, beslissingen, oordelen, paden en realiteiten rond geld als model aangeleerd zonder dat we het doorhebben, wat ons vermogen om onze eigen realiteit rond geld te kiezen doeltreffend reduceert.

Misbruik maken van onszelf door niet om geld te vragen

Het zijn niet alleen de patronen uit het verleden die uitdraaien op misbruik van onszelf als het om geld gaat. We kunnen ontdekken dat we onszelf misbruiken door niet daadwerkelijk om geld te vragen. Een manier waarop we dit doen is door te doen alsof geld niet zo belangrijk is of dat we zonder kunnen. In andere gevallen zijn we bang om te claimen wat we waard zijn. We vragen slechts om een klein bedrag in plaats van te vragen wat we echt waard zijn.

Het universum heeft ons zoveel te bieden, en we vragen er niet eens om.

— SIMONE MILASAS

Er is een groot verschil tussen wat je nodig hebt om van te leven en wat je nodig zou hebben om een leven vol mogelijkheden te leiden. Nogmaals, dit is gebaseerd op je verleden. Misschien werd je terechtgewezen als je vroeg wat je wilde, of werd je geleerd om bescheiden te zijn. De vraag is:

- Leef je nog steeds naar deze terechtwijzing?
- Stel je je nog steeds bescheiden op en vraag je

om minder vanwege iets dat iemand je geleerd heeft?

- Wat als je in plaats daarvan daadwerkelijk om geld zou mogen vragen, en niet net genoeg om de rekeningen te betalen?

In ons interview zei Simone: "Ik denk dat we veel meer waarde hebben dan alleen de rekeningen betalen. Het is zo dat jij het bent die waarde heeft, niet de rekeningen. Wat als je zou beginnen met jezelf te erkennen en te waarderen? Hoe zou dat eruit zien?"

DAGBOEK OEFENING: GELD BEWUSTZIJN

Wie heeft je verteld dat je niet 'kunt vragen om meer'?

Wie ben je daardoor aan het nadoen?

Hoeveel stress is er in jouw leven vanwege geld?

Kun je zien hoe dit een vorm van zelfbeperking en misbruik is?

In mijn boek, De Leugens van Geld, en in mijn geld workshops, stel ik deze drie vragen:

- Wie ben je?
- Wat ben je aan het doen?
- In welke leugen trap jij?

Wat ik heb ontdekt is dat een geldprobleem over het algemeen een probleem met 'ontvangen' is. Afhankelijk van wat ontvangen voor jou betekent, kun je die ideeën projecteren op geld (en andere vormen van ontvangen). Bijvoorbeeld, je gaat een koffie halen. Je worstelt met een gebrek aan financiën en voelt een tekort en krapte om alles, waardoor je krap bij kas komt te zitten. Wanneer je voor je koffie betaalt, kies je ervoor om geen fooi te geven, in plaats van de $1 fooi die je gewoonlijk geeft, omdat je je zorgen maakt over geld. Dit is een gelegenheid voor een Posttraumatische Groei moment om even stil te staan en jezelf af te vragen: "Wie ben ik?" (mijn moeder), "Wat ben ik?" (berooid), en "In wat voor leugen trap ik?" (Ik zit in een netelige situatie, dus ik kan geen fooi geven). Als je eenmaal inziet dat dit een leugen is, voel je je vrij om een fooi te geven en zo de cirkel te doorbreken.

STRESS EN ONGEMAK ROND GELD

Als creditcardschulden en de manier waarop je met geld omgaat je stress bezorgen, word je daar dan bewust van en omarm het. De meeste mensen willen niet kijken naar hun geldzaken of naar hun bankrekeningen. Ze willen niet weten hoeveel ze elke maand moeten genereren en creëren. Ze willen gewoon in dat hamsterrad blijven zitten. Ze houden zichzelf opgesloten in de overtuiging: "Zolang ik maar zoveel verdien, komt het wel goed." Maar om iets te veranderen, moet je het jezelf niet gemakkelijk maken en naar elk aspect ervan kijken. Als je je overal bewust van wordt dat met geld te maken heeft, kun je jezelf toestaan om veel meer te genereren en te creëren dan je nu comfortabel vindt.

Geld bestaat al heel lang. Zelfs toen we vroeger eieren uitwisselden voor varkens, zoals in de ruilhandel, was dat een vorm van geld. Je hebt er een aantal vaststaande invalshoeken omheen gecreëerd, dus wees aardig voor jezelf. Maar misbruik jezelf evenmin. Wees bereid om de verandering plaats te laten vinden, maar als het niet van de ene op de andere dag verandert, veroordeel jezelf niet of neem het jezelf dan niet kwalijk.

— SIMONE MILASAS

DAGBOEKVRAGEN: HOE PRAAT JE OVER GELD?

Wat gebeurt er als je het hebt over vragen stellen om aan meer geld te komen? Heb je een bereidheid om het te ontvangen?

Voelt dit gesprek licht of zwaar aan in je lichaam?

Wat gebeurt er met je energie als je zegt: ik kan me dat niet veroorloven of ik kan niet gaan? Voelt je lichaam licht of zwaar aan?

Wat creëer je rond geld door de woorden en de taal die je gebruikt?

Het gaat echt om een keuze om tot bewustzijn te komen en te stoppen met jezelf te misbruiken op alle niveaus, ook met geld. Mensen zeggen vaak tegen me: "Het is niet zo makkelijk om te stoppen met jezelf te misbruiken." Eigenlijk is het dat wel. Het is makkelijk als je onthoudt dat alles een keuze is en je ervoor kiest om bewust te worden van hetgeen je aan het doen bent. Je kunt daadwerkelijk een keuze maken om het te veranderen door op te merken wat er innerlijk gebeurt en op dat moment te pauzeren om jezelf dit soort vragen te stellen:

- Is dit licht?
- Voelt dit goed?
- Maakt dit me kapot of misbruikt het me?
- Is dit ondersteunend voor mij?
- Creëert dit de toekomst die ik verlang?

DE INTIMITEIT VAN GELD

 Hoe intiem ben je met je geld? Met andere woorden, hoeveel weet je over geld waarvan je doet alsof je het niet weet of ontkent dat je het weet? Als we onszelf toestaan om te weten wat we echt weten over geld, in plaats van te functioneren vanuit wat ons is geleerd of aangeleerd, kan dat een verbazingwekkende stroom van overvloed in onze levens en ons bestaan creëren. Binnenin de kooi van misbruik ben je echter opgesloten in vaststaande zienswijzen, beperkingen en overtuigingen, zoals: "Ik ben bedorven waar, en ik vertoon gebreken" of "Er is een limiet aan wat ik kan ontvangen." Deze aangeleerde ideeën en overtuigingen maken van geld iets dat een overmacht over je heeft en je toestaat om jezelf te devalueren en te verarmen.

Het is belangrijk op te merken dat ons bewustzijn een enorm collectief is van opgeslagen energie en informatie sinds het begin der tijden. Complete culturen, families en individuen kunnen beperkende overtuigingen hebben over geld en ontvangen, al vanaf de Romeinse tijd. Ken je jouw voorouderlijke geschiedenis en opvattingen rond geld? Ons bewustzijn kan de devaluatie en degradatie van die vroege systemen met zich meedragen. Als je dit begrijpt, kun je je afvragen of wat je gelooft ook echt van jou is.

'Smerig' geld

Onze relatie met geld leidt vaak tot prostitutie van onszelf. Ik heb het niet over ons lichaam verkopen voor seks. Ik heb het over werk doen dat we niet willen doen in ruil voor geld. Veel mensen hebben een baan of carrière die ze niet leuk vinden of waarvan hun ouders wilden dat ze die zouden volgen, omdat het geld dat dat oplevert beter is dan een 'uitgehongerde kunstenaar' te zijn. De vraag is: geeft je werk je voldoening? Of voel je je aan het eind van de dag uitgeput?

We hebben ook een standpunt over waar geld vandaan komt en wat voor geld we wel of niet in ons leven accepteren. Dit kan ervoor zorgen dat geld dagelijks 'on-uitnodigend' wordt bejegend.

Stoffig geld, drugsgeld, slecht geld, goed geld, schoon geld, alles draait om het idee dat je jezelf bevuilt met geld. We oordelen over onszelf om bepaalde dingen over wat acceptabel is om te doen voor geld en ook wat niet acceptabel is.

— *KASS THOMAS*

DAGBOEK OEFENING: GELD AFFIRMATIE

Overal waar ik vandaag geld 'niet uitgenodigd' heb, herroep ik dat en ontvang het nu! Dank u! Ik ben dankbaar en voldaan!

Overal waar ik ontvangen vandaag 'niet uitgenodigd' heb, herroep ik dat en ontvang het nu! Dank u! Ik ben dankbaar en voldaan!

Overal waar ik mezelf vandaag 'niet uitgenodigd' heb mijzelf te zijn, herroep ik dat en ontvang het nu! Dank je wel! Ik ben dankbaar en voldaan!

Dit alles draagt bij tot de schimmigheid die we hebben rond geld, die ons opgesloten houdt in onze onzichtbare kooi. Wanneer we niet toestaan dat geld vloeiend in onze levens stroomt, vervallen we vaak in het gedrag van de 4D's - ontkennen, verdedigen, loskoppelen, dissociëren - en dit creëert dan onze 'financiële realiteit'.

Samengevat zijn er verschillende subtiele en openlijke manieren waarop we onszelf misbruiken met geld. We leggen beperkingen op aan wat we denken te kunnen ontvangen, gebaseerd op onze ervaringen en programmering. Soms devalueren we onszelf omdat we werden gedevalueerd in misbruiksituaties. Om vertrouwd te raken met geld, moeten we erkennen wat van ons is en waar we ingetrapt zijn in wat aan andere mensen toebehoort. We worden ons ervan bewust dat wat we voor waar hebben aangenomen over geld, in feite een leugen is die we hebben geloofd – en ondertussen precies het tegenovergestelde creërend van wat we werkelijk verlangen. Doordat geld vaak een gebied is waar we ons bewustzijn uitschakelen, valt er veel winst te behalen door onze relatie ermee te onderzoeken. Dan kan er een andere keuze worden gemaakt.

DEEL DRIE: ONTSNAPPEN UIT DE KOOI

VOORBIJ MISBRUIK EN RADICAAL SPRINGLEVEND LEVEN

8

HOOFDSTUK ACHT: VRIENDEN WORDEN MET DE KOOI VAN MISBRUIK

Als ik het heb over vriendschap sluiten met de kooi van misbruik, bedoel ik dat je je met jezelf verbindt vanuit een plaats buiten de waanzin die de kooi in de eerste plaats creëerde. Vrienden worden met de kooi van misbruik betekent je verbinden met de vrijheid, vreugde en mogelijkheden die onafhankelijk van de kooi bestaan. Je hoeft niets terug te krijgen om uit de kooi te stappen - en dit is waar mijn benadering radicaal verschilt van wat je wellicht eerder hebt ervaren. In plaats daarvan zul je leren hoe je kunt kiezen vanuit een andere hoek dan hetgeen er gebeurd is.

Je zult leren hoe je keuzes kunt maken en verdergaan dan het in stand houden van het gepleegde. Je zult ontdekken hoe je kunt leven zonder dat wat je is overkomen (of het nu een enkele daad was of een reeks gebeurtenissen) je hele leven gaat beheersen. Ik heb ervoor gekozen om niet toe te laten dat het misbruik dat ik had meegemaakt, mij zou definiëren. Het is een doorlopend proces waarbij ik actief kies hoe ik op elk moment wil zijn en het verschilt sterk van het therapiemodel. Dit staat in schril contrast met het geloof dat er iets stuk is dat gerepareerd moet worden en als dat gefikst is, zal alles weer goed zijn.

Toen ik drie jaar was had ik een ervaring waarbij, tijdens gruwelijk misbruik, mijn bewustzijn mijn lichaam verliet en toekeek naar het geweld en de verkrachting die mijn lieve kleine lichaam werd aangedaan. Ik herinner me dat ik besloot dat ongeacht wat 'ze' mijn lichaam aandeden, MIJ kregen ze nooit en ze konden me nooit mijn keuze afpakken om MIJ te zijn. Jij hebt hier en nu de keuze - net als ik toen - ook al worstel je misschien met pijn of negativiteit. De persoon die jij bent kan nooit ofte nimmer gebroken worden. Je kunt je gebroken voelen, maar je kunt nooit, in alle oprechtheid, worden gebroken.

Er is één ding dat ik weet: ieder van ons heeft een verhaal.

We verzamelen onderweg allemaal schrammen, blauwe plekken en nog erger.

Ik geloof ook, dat ongeacht wat voor vernederingen, misbruik, trauma's of tegenslagen we doorstaan, we zijn NOOIT gebroken. Geluk is voor iedereen.

— JEWEL

Wat ik heb ontdekt bij de ondersteuning van duizenden mensen over de hele wereld om misbruik te overwinnen, is dat we niet uit de kooi komen door een snelle oplossing. Eerst moeten we ons bewuster worden - we omkaderen de kooi - net zoals we nu doen. "Oh, dat is wat het is," is iets dat ik mensen vaak hoor zeggen. We geven woorden aan een gevoel dat wel gevoeld is, maar nooit erkend wordt en meestal onbenoemd blijft. Ik zeg vaak dat het is alsof er al die tijd een olifant in de kamer zat te schijten, en iedereen stapte er stilletjes omheen. We negeren het niet langer. Het stinkt, en we doen er wat aan.

In de rest van dit boek zullen we dieper ingaan op ons bewustzijn van de onzichtbare kooi. Ik ga ook hulpmiddelen en processen met je delen die niet alleen je bewustzijn vergroten, maar je ook helpen om buiten de kooi te kiezen.

BEWUSTZIJN

Zoals je in het hele boek hebt gelezen, is bewustwording een van de belangrijkste hulpmiddelen die ik je adviseer te gebruiken om buiten de kooi te leven. Dit betekent dat je je ervan bewust bent wanneer je vanuit de kooi opereert, en dat je het opmerkt zodra de kooi is getriggerd. Een van de deelnemers aan mijn radioprogramma vroeg me: "Wat is het verschil tussen bewust zijn en alert zijn?" Dat is een belangrijke vraag.

Je bent waarschijnlijk heel vertrouwd met alert zijn. Wanneer je alert bent, opereer je vanuit een staat van hyperwaakzaamheid *vanuit de kooi*. Dit is een toestand waarin je wacht tot iemand anders je belazert. Het is als leven in opperste staat van paraatheid.

Bewustzijn is anders. Wanneer je bewust bent, ben je verbonden met een universeel en oneindig bewustzijn. Je sluit je nergens bij aan en je stemt nergens mee in – en je biedt geen verzet en je wijst niets af. Met andere woorden, je bent niet gehecht aan je standpunt noch heb je de behoefte het te verdedigen. Je merkt het gewoon op. Je wordt een waarnemer, of getuige, en kiest ervoor om te reageren op de allerbeste en juiste manier voor jou.

DAGBOEK OEFENING: LICHT EN ZWAAR

Om keuzes te maken vanuit bewustzijn, kun je beginnen te bepalen wat licht of zwaar voor je voelt. Dat wat licht aanvoelt, is wat je verlangt of wat waar is voor je, en dat wat zwaar aanvoelt, is dat wat niet voor je werkt of wat een leugen is voor je.*

Denk aan iets dat je wilde en dat je nu hebt. Hoe voelde het toen je het ontving?

Denk nu aan een situatie die je zou willen veranderen. Als je de gedachte eraan oproept, hoe voelt het dan in je lichaam?

Maak een inventaris van mensen en activiteiten in je leven en merk op hoe je je voelt als je aan ze denkt.

*Ontleend aan Access Consciousness®

Je kent de hoeken van de kooi waarschijnlijk veel beter dan dat je vrijheid en mogelijkheden kent.

- Wat als je voor bewustzijn zou kiezen, op elk moment?
- Hoe anders zou je wereld er dan uitzien?
- Wat als je, in plaats van gevoelloos te worden of uit te checken, ervoor zou kiezen om je

werkelijk bewust te worden van wat er gaande is?

- Wat is vrijheid voor jou?
- Hoe weet je wanneer je vrij bent?

Er is nog een belangrijke factor als je je bewustzijn vergroot, en dat is dat je, als je de kooi onderzoekt, dit doet vanuit een niet-oordelende houding. Bedenk dat de beperking en het gebrek van waaruit de kooi is ontstaan, reëel waren op het moment dat het gebeurde. Je hebt er sindsdien in geloofd omdat dat het enige was waarvan je wist hoe dat te doen. Je ontdekt nu dat je de keuze hebt, en dat je kunt kiezen en je leven creëren vanuit dit nieuwe bewustzijn.

DAGBOEK OEFENING: JE KOOI LEREN KENNEN.

Merk op wanneer je in de kooi bent, zonder je te verliezen in de vorm of de structuur ervan, en stel jezelf de volgende vragen zonder 'op zoek te gaan' naar een antwoord. Sta er gewoon voor open om er een te ontvangen:

Is dit ondersteunend voor mij?

Wat zou er nodig zijn om dit te veranderen?

Wat kan ik vandaag zijn, doen, hebben, genereren of creëren dat dit meteen zou veranderen?

Vervolgens begin je een dialoog met de kooi: "Ik weet dat je me probeert te beschermen. Je hebt het beste gedaan wat je op dat moment kon doen. Je bent mijn bondgenoot en je probeert me te helpen."

Vraag jezelf af: "Is dit leuk voor mij? Wat kan ik zijn, doen, hebben, genereren of creëren dat leuk voor me zou zijn?" DOE het dan gewoon! Keuze en vrijheid worden nu jouw realiteit.

Vergeet niet dat dit een doorlopend proces is, en geen eenmalige oefening. Je zult dit vermoedelijk een aantal keren moeten herhalen. Wat je op het ene moment nodig hebt om buiten de kooi te leven, kan op een ander moment totaal anders zijn. Als je het begint af te breken, zullen verschillende aspecten van de kooi naar voren komen. De oplossing is om zowel aandacht te schenken aan de momenten waarop je je in de kooi bevindt als vervolgens een andere keuze te maken die je in staat stelt erbuiten te leven.

WETEN, ZIJN, EN GEWAAR ZIJN

Ik heb verschillende bellers in mijn radioprogramma gehad die me vroegen hoe ze zich uit de kooi van misbruik konden 'vechten'. De overtuiging dat je je een weg uit de kooi moet vechten, wordt opgewekt door de energie van de oorspronkelijke ervaring waar je je nog steeds op afstemt. Niemand zal de kooi van misbruik uitkomen door te vechten. Dit zal alleen maar meer van hetzelfde creëren. In plaats daarvan gaat het erom iets anders te zijn, te weten en waar te nemen. Het gaat erom overtuigingen die je zijn opgelegd en die nooit echt van jou zijn geweest, achter te laten. Ja, je hebt ze misschien onbewust aangenomen als de jouwe, maar tenzij je ervoor kiest, zijn ze niet echt van jou. Als je je een weg uit de kooi probeert te vechten, functioneer je vanuit dezelfde destructieve energie als waaruit het gecreëerd is. En je bent geen vriend voor jezelf als je dat doet.

Ik heb ook cliënten horen zeggen: "Het lijkt wel of ik de bodem van de kooi niet kan bereiken." Ik wil duidelijk stellen dat, hoewel we de metafoor van een kooi gebruiken en je die misschien visualiseert als iets dat driedimensionaal is, de kooi geen bodem heeft. De kooi zien als iets dat je 'tot op de bodem moet onderzoeken' is een conclusie die je erin opgesloten zal houden. Als je vorm, structuur en betekenis rond de kooi aanbrengt, blijf je er meer van creëren. Als je het op die manier bekijkt, functioneer je vanuit het oude paradigma dat je iets moet repareren of tot op de bodem moet uitzoeken om te kunnen helen.

Zelfs als je verdriet voelt wanneer je je buiten de kooi begint te begeven, zul je mogelijk, als je je ervan bewust blijft, ontdekken dat onder je verdriet vreugde schuilgaat. Je huilt misschien tranen, maar de tranen die je laat zijn het smelten van de tralies om je heen. Keuze creëert de vrijheid op het moment waarvan je altijd hebt geweten dat het bestond.

Samenvattend, we hebben datgene benoemd wat je waarschijnlijk al jaren of zelfs decennia stilletjes gevangen heeft gehouden. Het is te verwachten dat je hele waarneming zal beginnen te verschuiven als je de patronen en programma's begint op te merken waarvan je voorheen aannam dat 'jij' dat was, en waarvan je nu realiseert dat het eigenlijk een product van de kooi is. We zullen de onzichtbare kooi in dit boek blijven onderzoeken, met meer manieren waarop je je erbuiten kunt begeven.

HOOFDSTUK NEGEN: EEN REVOLUTIONAIR GESPREK OVER HOOP

Als je hebt geleefd met misbruik, dan ben je misschien gewend om zonder hoop te leven. Het is mijn wens om een revolutionaire boodschap van hoop te brengen aan allen die misbruik hebben meegemaakt, zodat ze verder kunnen gaan na wat ze hebben meegemaakt. In mijn werk heb ik ontdekt dat er veel mensen in de wereld zijn die, diep van binnen, vragen om een nieuw gesprek van mogelijkheden.

Ik roep op tot een radicale verandering in de manier waarop de wereld tegen misbruik aankijkt, het waarneemt en ervaart. Ik neem deze taak niet licht op. Ik geloof echt dat de hoeveelheid fysiek, emotioneel en seksueel misbruik dat ik persoonlijk in dit leven heb meegemaakt, voor mij een ingang is geweest om te helpen misbruik uit te bannen.

Dus in dit hoofdstuk wil ik dit revolutionaire gesprek van hoop beginnen dat leidt naar een geheel nieuw paradigma van het transformeren van misbruik, zowel in jezelf, als ook in de rest van de wereld.

Voorbij alles

In de loop der tijd heb ik voor dit doel een aantal programma's ontwikkeld, waaronder Leef je ROAR - jouw 'Radicale Orgastisch Springlevende Realiteit' Het sleutelbegrip hier

is het idee van 'voorbij alles'. Wat ik hiermee bedoel, is dat we voorbij de parameters kunnen gaan van alles wat eerder gedefinieerd is.

Laten we eens kijken naar een aantal van de leefregels die van toepassing zijn bij het Leef je ROAR - en wat 'voorbij alles' eigenlijk betekent op een van moment-tot-moment basis:

- Erkennen van de kooi waarin je hebt geleefd en die je tot nu toe heeft vastgehouden in het eindeloze verhaal van misbruik, gebrek en beperking.
- Erkennen dat je de mogelijkheid hebt om een nieuwe realiteit te creëren en ervoor kiezen om de structuren en leugens die je tot nu toe in de kooi hebben gehouden, af te werpen.

- De bereidheid hebben om revolutionaire veranderingen in je leven teweeg te brengen om radicaal te leven buiten de kooi van misbruik
- Beslissingen nemen die voor jezelf licht en juist voelen (zelfs als andere mensen je ervoor veroordelen)
- Een grenzeloos leven voor jezelf creëren, gevuld met mogelijkheden en plezier
- Naar voren stappen om je leven volledig bewust, gewaar en present te leven
- Kiezen voor jezelf op elk moment en je leven creëren op basis van wat leuk en ondersteunend is voor jou.

Dit werk vergt een diepe toewijding aan jezelf, een soort vurigheid, zo je wilt, in de meest positieve zin. Het zal je meest daadkrachtige uitstraling naar boven brengen.

'Voorbij alles' betekent kiezen voor jou, ongeacht wie weggaat, wat sterft, wat eindigt, welke relatie je loslaat, op welke onderneming of carrière je overstapt, en wie of wat jou loslaat.

Wanneer je in dit proces van ontdekking en herstel van jezelf stapt, zal het leven zoals je dat kent veranderen.

Voor een van mijn cliënten betekende leven 'boven alles' het nemen van beslissingen in haar carrière die haar bracht van 20.000 dollar per jaar toen we begonnen samen te werken naar 244.000 dollar over een aantal jaren. In haar woorden: het proces was confronterend, maar de resultaten hielden haar op de been.

Mijn werk brengt me over de hele wereld, maar of ik nu thuis ben of onderweg, ik werk altijd voortdurend aan mijn eigen bewustzijn en bewustwording met behulp van alle instrumenten die tot mijn beschikking staan. Wanneer ik anderen faciliteer in zowel persoonlijke groei als professionele transformatie, doe ik tegelijkertijd hetzelfde voor mezelf. Ik zou je graag vertellen dat het allemaal 100% van de tijd met gemak gaat, maar eigenlijk zou dat niet waar zijn. Het was bezaaid met een flinke dosis fysieke pijn en oude trauma's die in mijn eigen lichaam opflakkerden. Ik kwam tot het inzicht dat ik in mijn leven verder reikte dan alles wat ik ooit eerder had bereikt en zelfs verder dan mijn eigen referentiepunten. En hoewel het ongemakkelijk en intens kan zijn, is het een keuze om alle barrières, intensiteiten en pijnen die zich voordoen te erkennen. Het is een keuze om de beperkingen los te laten waarmee we onszelf en ons leven hebben gedefinieerd. De keuze is er altijd voor ons:

- Zal ik kiezen voor lichtheid en vreugde boven alles?
- Zal ik kiezen voor de energie, de ruimte en het bewustzijn van een nieuwe mogelijkheid voor mezelf?
- Zal ik kiezen voorbij de zwaarte en pijn, lijden, trauma, drama en strijd?
- Wat voelt voor jou expansief en leuk?
- Wat voelt zwaar en dreigend?
- Wat is het voordeel om je zwaar en somber te voelen?

Je lichaam heeft het vermogen je deze dingen te vertellen, maar als je niet gewend bent om er contact mee te hebben, dan kan het vreemd overkomen. Hoe meer je dit soort bewustzijn beoefent, hoe gemakkelijker en comfortabeler het zal worden.

DAGBOEK OEFENING: NIEUWE KEUZES

Wat is een keuze die je nu zou kunnen maken, die je hebt uitgesteld om te maken, die je naar lichtheid en vreugde zou kunnen brengen? Hoe zou deze nieuwe mogelijkheid er voor jou uitzien?

EEN CASE STUDIE – CLIVE

Clive nam deel aan mijn Radically Alive Beyond Abuse eendaagse workshop in Australië. Hij was in de 60 en had nog nooit over zijn seksueel misbruik gesproken. Hij was verkracht en misbruikt door zijn grootvader gedurende 10 jaar als een jonge adolescent tot hij begin 20 was, en had het geheim gehouden.

Hij had er slechts met één ander persoon over gesproken voordat hij mijn workshop in Australië binnenstapte. Hij had nooit enige vorm van therapie gehad. Toen ik Clive faciliteerde, duurde de hele sessie ongeveer 45 minuten en het gebeurde voor de hele klas. Hij had aan het begin van de dag gezegd: "Ik weet niet precies waarom ik hier ben. Ik weet niet zeker wat het me gaat opleveren om hier te zijn, maar ik wist dat ik moest komen." Ik wist meteen toen hij zei dat, als hij mij toestond hem te faciliteren, er vrij snel verandering zou komen.

Het was een van die ervaringen waarbij we gewoon op elkaar afvuurden, vragen en antwoorden over en weer als een pingpongwedstrijd. Het was alsof er iets in hem was dat zei: "Alsjeblieft, haal dit uit mijn lichaam. Laat me hierover praten. Ik wil dit niet meer." Door vragen te stellen, te reageren, de instrumenten en technieken te gebruiken, en mijn opleiding en training met betrekking tot trauma en misbruik, was ik in staat om Clive te faciliteren naar een ruimte van in zichzelf zijn die woorden te boven ging.

Aan het eind van de sessie zag hij eruit als een prachtige, onschuldige jongen die net eeuwen en mensenlevens van pijn, trauma, zwaarte en gewicht had gedumpt van die 10 jaar waarin hij verkracht en misbruikt was. Als ik terugdenk aan die sessie, herinner ik me de schoonheid ervan en niet de pijn. In minder dan 45 minuten werd iets losgelaten dat iemand tientallen jaren in zijn lichaam had meegedragen.

Als we openstaan voor loslaten, met de juiste hulpmiddelen en de juiste begeleiding, kunnen we in korte tijd een enorme verandering teweegbrengen. Hopeloosheid daarentegen sluit je op in de kooi van misbruik. Clive was naar een cursus gekomen zonder er iets van te weten, maar wetende dat hij het misbruik achter zich wilde laten, en hij gaf zichzelf een geschenk in het proces. Hij vertelde me dat hij nu vrijheid en ruimte ervaart die zijn verbeelding ver te boven gaat.

ONTVANGEN

Een leven voorbij misbruik betekent jezelf toestaan om meer te ontvangen, en ik krijg veel vragen over hoe je dat doet. Hier is mijn antwoord: het is net als fietsen of naar de sportschool gaan. Het is een spier die je gewoon moet blijven trainen. Het is een ervaring waar je in het begin misschien wat zijwieltjes voor nodig hebt. Er zijn dingen die ik nu heel goed kan ontvangen, maar ik heb het moeten leren door te oefenen met ontvangen.

Het idee van ontvangen raakt vervormd in de ogen van iemand die misbruikt is. In mijn eigen geval, wat ik dacht dat ontvangen was, was dat iemand die me eigenlijk veroordeelde of me vertelde dat ik moest oprotten. Wat ik dacht dat ontvangen was, was als iemand me zodanig afkraakte door te zeggen dat ik stom was of een paar van de vernederende bijnamen die ik van mijn familie kreeg. Wat ik dacht dat ontvangen was, was verkracht worden, of seksueel misbruikt, of uitgescholden worden omdat ik zwaar was. Dat is wat ontvangen voor mij betekende. En lange tijd heb ik mijn realiteit daarop gebaseerd. Dus, hoe leer je ontvangen als je perceptie daarover verstoord is?

Als het licht is, is het juist

Er is één gulden regel bij het ontvangen:

Als het licht is, is het juist

Als je lichaam een soort intensiteit voelt, of zwaarte, of dichtheid of beklemming, als je geeuwt of dissocieert of als je weg wilt van de persoon, dan gebeurt er iets wat niet ontvangen is. Iemand kan je bijvoorbeeld proberen iets op te dringen dat je niet wilt. Je hebt de keuze op dat moment om te ontvangen wat licht en juist is voor je. Alles wat zwaar en dicht is, maak er een einde aan. Dat is de eerste en belangrijkste actie bij het ontvangen.

Span jezelf in om meer te ontvangen

De tweede les in ontvangen is jezelf openstellen voorbij je eigen ontvangstlimiet. Stel je voor dat je jezelf uitstrekt om liefde en zorgzaamheid te ontvangen in elke spier, ligament, cel, pees, orgaan en systeem van je lichaam - zelfs als je een oude vertrouwde stem hoort die zegt dat je het niet verdient of dat het niets voor jou is. Het is een oefening om meer te blijven ontvangen. Het is totaal anders dan oude energetische patronen zoals afhankelijkheid en het aannemen van anderen. Voor mij gaat het er vaak om dat ik erop vertrouw dat het ontvangen zich niet tegen mij zal keren, zoals dat in mijn verleden zo vaak is gebeurd. Wanneer er trauma's in ons verleden zijn, moeten we misschien een beetje extra werken om de liefde te ontvangen die er voor ons is, maar het is het waard. Ontvangen is een geschenk dat jij en je lichaam verdienen.

Als je op dit moment geen relatie hebt, kun je het ontvangen oefenen met andere dingen zoals geld, eten, lichaamsbeweging of je eigen lichaam. Er zijn zoveel manieren waarop we onszelf kunnen inspannen om te ontvangen:

- Een wandeling maken
- Een dagje vrij nemen om voor jezelf te zorgen
- Een massage krijgen
- Iets kopen waar je het geld voor hebt, maar wat je jezelf hebt ontzegd
- Een gezonde maaltijd voor jezelf maken
- Een hobby beginnen waarin je geïnteresseerd bent

Al deze dingen zijn manieren om te ontvangen. En zoals met alle oefeningen in dit boek, is het geen eenmalige inspanning.

- Hoe kun je elke dag meer ontvangen?
- En hoe kun je jezelf op dit moment openstellen om de geschenken die voor jou beschikbaar zijn volledig te ontvangen?
- Wat als je, alleen voor vandaag, je kooi niet gebruikt en jezelf verlost van je onzichtbare stekelvarken?
- Wat als je, alleen voor vandaag, je openstelde voor het Universum om je iets geweldigs te laten zien?

Samenvattend, we stellen ons open voor een nieuwe manier om verder te gaan na misbruik en beginnen een nieuw en revolutionair gesprek van hoop op transformatie. In dit hoofdstuk hebben we een begin gemaakt met dat gesprek, en in de volgende hoofdstukken zul je meer praktische hulpmiddelen leren om verder te gaan dan alleen een gesprek naar iets wat je verder in je leven kunt realiseren.

HOOFDSTUK TIEN: HULPMIDDELEN VOOR VERANDERING

Jezelf bevrijden uit de onzichtbare kooi van misbruik is een proces. Het is niet een eenmalige actie of een eenmalig trucje, hoe graag we dat ook zouden willen denken. Sommige therapieën suggereren dat dit het geval is, maar dit is een mythe over genezing die ze ons hebben wijsgemaakt. Velen van ons hebben gewacht op dat moment. In mijn ervaring werkt het niet op die manier. Je kunt één stap naar buiten zetten en je weer terugtrekken in de kooi. Dus, voordat we verder gaan, wil ik er zeker van zijn dat je elke onjuistheid in jezelf over je persoonlijke helingsreis elimineert. Als je jezelf kunt toestaan om je terug te trekken in de kooi, en niet functioneert vanuit een positie van oordeel als je dat doet, zal de hele reis veel vergevingsgezinder zijn.

EEN TAAL VINDEN VOOR HET MISBRUIK

Ik heb ontdekt dat een van de manieren om de kooi van het misbruik te ontstijgen, is om een gesprek aan te gaan dat je in staat stelt de schaamte over wat er gebeurd is achter je te laten. Er is een term in de psychologie die "alexithymie" heet. Het is het onvermogen om woorden en gevoelens te herkennen die te maken hebben met je ervaring van misbruik. Hoe vaak heb je niet gemerkt dat wanneer je je mond opendeed om erover te praten, de woorden er niet uitkwamen? Dat is het deel van jou dat niet in staat is geweest je ervaring uit te drukken en te verwoorden - een stem die je uit de kooi kan leiden.

DE 3 FASEN VAN KEUZE

Je bent waarschijnlijk al een tijdje onderweg, in het verhaal van misbruik. Het volgende stadium is dat je daadwerkelijk *opmerkt* dat je al een tijdje meeloopt in het verhaal van misbruik. Het volgende stadium is *ophouden jezelf te definiëren* door het verhaal. Het proces zal er ongeveer zo uitzien:

1. Ik wist niet dat er een andere keuze was.
2. Ik realiseerde me dat er een andere keuze was, maar ik wist niet hoe ik die moest maken.

3. Ik zag dat er een andere keuze was, en ik
   ondernam daar actie op.

De derde stap is datgene waar we ons in dit boek op richten. Het is de stap waarbij we uit de kooi stappen en naar radicaal springlevend toegaan.

VOORDAT HET MISBRUIK PLAATSVOND

Een van de cruciale elementen in het helen van misbruik is je te herinneren hoe je was voordat het misbruik plaatsvond, waarbij zowel geheugen als verbeelding betrokken kunnen zijn. Ik zeg beide omdat, afhankelijk van de leeftijd waarop het misbruik plaatsvond, je misschien duidelijke herinneringen hebt van hoe je in het leven stond. Maar soms moeten mensen hun verbeelding gebruiken om zich voor te stellen wie ze waren. Als je daar eenmaal toe in staat bent, kun je beginnen nieuwe herinneringen op te slaan van hoe veiligheid en liefde voelen in je lichaam.

In mijn workshops laat ik mensen helemaal teruggaan naar een ruimte en tijd voordat het misbruik plaatsvond en vanaf die plek communiceren met de moleculen van hun lichaam. Dit betekent dat je jezelf op moleculair niveau herinnert als het werkelijk prachtige wezen dat je was voordat het misbruik plaatsvond. Ik wil je meenemen naar de tijd voordat je misbruikt werd, voordat de kooi in positie werd gebracht en je begon te leven vanuit zijn vervormde kijk op de werkelijkheid. Het is de tijd voordat ontkenning, verdediging, dissociatie en loskoppeling de brandstof voor je lichaam waren. Het is de tijd voordat je opereerde vanuit je automatische responssystemen en je alarmfase.

De waarheid is dat er een volmaaktheid van jou bestaat die buiten je huidige zelfbeeld ligt. Ik heb het niet over het soort perfectie waarbij je alles goed doet. Ik heb het over het soort volmaaktheid waar je jezelf ziet voorbij je vermeende gebreken. Ik heb het erover dat je leeft vanuit een positie van eenheid in tegenstelling tot een plaats van verdeeldheid. Ik heb het erover dat je je in de wereld laat zien met de wetenschap dat het universum achter je staat. Zelfs als je zegt dat je dat nooit hebt gehad, ga ik je vragen om verder te gaan dan de gedachte van "Ik kan het niet" of "Ik wil het niet" of "Het gebeurt voor iedereen maar niet bij mij."

In Hoofdstuk Vier bespraken we biomimetische mimicry en alle manieren waarop je de pijn van anderen hebt overgenomen als je eigen pijn. Tot nu toe was dit als een luchtbel om je heen. Echte verbondenheid is een terugkeer naar een plaats en tijd in je lichaam die je herinnert buiten deze luchtbel. Het herinnert zich hoe liefde, acceptatie, rust, koestering, veiligheid en verbinding aanvoelen. Het is een dynamische ruimte in je lichaam die vibreert en pulseert - *danst* - met eenheid, vrijheid, ruimte en bewustzijn.

Sta jezelf toe om vreugde te vertrouwen en omhels het.

Je zult merken dat je met alles danst.

— *RALPH WALDO EMERSON*

Het is het weten, het zijn, het waarnemen en ontvangen van het wonderbaarlijke wezen dat je werkelijk bent. Het is een diep besef dat er niets mis is met jou en dat ook nooit geweest is. Het enige dat werkelijk verkeerd is, is dat je in een verhaal van opsluiting, pijn en trauma hebt geleefd, dat je effectief heeft ingekapseld in een onzichtbare kooi van misbruik. Het enige dat verkeerd is, is dat je je hebt losgemaakt van de prachtige jij die zich herinnert en leeft vanuit je ware oorspronkelijke staat.

CASUS — EMMA

Toen ik met Emma werkte, vroeg ik haar hoe het was in haar lichaam voor het misbruik. Ze beschreef het als vrij, speels en fantasierijk. Ze herinnerde zich hoe creatief en krachtig ze was geweest in die tijd. Als kind had ze het gevoel dat magie binnen handbereik lag en dat ze van daaruit alles kon doen waar ze van droomde. Er was een kinderlijke onschuld aanwezig.

Toen ze zich vollediger in deze ruimte op moleculair niveau begaf, voelde ze dat ze vrij kon rondrennen. Ze herinnerde zich zonder enige zorg in de wereld. Ze kon alles maken en creëren wat ze wilde. Ze voelde dit alles als een werkelijke ervaring, en dit bracht een overeenkomstige verandering teweeg in haar relatie tot haar lichaam.

Een belangrijk punt om te begrijpen is dat de moleculen waar je contact mee maakt al bestonden voor het misbruik. Ze zijn nooit weggeweest en werden nooit weggenomen. Wanneer we dit niet begrijpen, denken we dat we iets moeten vinden dat we kwijtraakten. Er is niets kwijtgeraakt. Het is alleen dat ze verborgen zijn onder het verhaal van misbruik en alles wat je als resultaat van dat misbruik hebt besloten - inclusief ideeën over hoe zich er doorheen te slaan, het te genezen en het te veranderen.

ENERGIE OEFENING: VERBONDENHEID MET DE MOLECULEN

Sta jezelf toe om terug te gaan naar ten minste één moment waarop je lichaam leefde in de ruimte van rust, koestering, veiligheid, liefde en acceptatie. Het is de ruimte van ware verbondenheid, waar je weet dat het universum je ondersteunt en altijd van je wil houden, je wil steunen en aan je wil geven.

Noem hardop een tijd, leeftijd en plaats voordat het misbruik plaatsvond. Om de ruimte van verbondenheid voor en na het misbruik te bereiken, moet je uitreiken naar de mogelijkheid dat er een ruimte was voordat het misbruik plaatsvond.

Sta je lichaam toe om zich te expanderen naar meer van dat gevoel. Ga daarna een activiteit doen die met dat gevoel overeenkomt. Het kan iets simpels zijn als: een warm bad nemen, een kaars aansteken, naar muziek luisteren, wandelen in de natuur, of met je huisdier spelen.

Ik raad je aan deze oefening ten minste één keer per dag te doen. Merk op of er verandering is in je energie als je deze oefening doet: Is er een koel briesje of een licht gevoel? Zelfs als je maar een klein beetje gevoel krijgt dat er iets verandert, dan ervaar je de verbondenheid van voor het misbruik naar verder na misbruik.

Genezing van misbruik volgens dit nieuwe model houdt een keuze in, hoewel de keuze om verder te gaan na het misbruik, door terug te gaan naar voordat het plaatsvond, je in eerste instantie misschien onmogelijk lijkt. Het verhaal van misbruik is er al heel lang. Je bent wellicht nooit zonder geweest. Het kan een radicale verandering van perspectief vergen om zelfs maar te overwegen het achter je te laten.

DAGBOEK OEFENING: ANDERS KIEZEN

Heb je de film *Groundhog Day* gezien, waarin de hoofdpersoon steeds weer dezelfde dag beleeft? Hoe heb jij steeds weer opnieuw en opnieuw dezelfde dag beleefd? Wat zou er voor jou nodig zijn om verder te kiezen dan dat? Hoe zou je anders kunnen kiezen?

Een deel van je buiten de kooi begeven is de ontdekking dat je meer bent dan je misbruik. Er is een jij los van het misbruik en los van de misbruiker. Er is een jij die verder gaat na alles wat er ooit met je gebeurd is. En het is een keuze om verder te gaan na alles wat je daardoor besloten hebt. Hierdoor kan het misbruik op de achtergrond raken zodat er ruimte ontstaat voor jou om jouw werkelijkheid te genereren en te creëren.

De volgende zeven stappen zullen je ondersteunen in dit proces van het definiëren van je eigen werkelijkheid als verschillend en apart. Houd in gedachten dat elke stap voortbouwt op de andere, dus verwacht niet dat je ze afvinkt zoals je een 'to-do'-lijst zou doen. Daar gaat het hier niet om. Elke stap is een lichtpunt in je bewustzijn dat je meer keuze geeft, terwijl je verder gaat op je reis om jezelf te bevrijden.

Stap één: Erken je kooi en erken het feit dat die niet voor je werkt.

Stap twee: Kies ervoor om naar je kooi te kijken in plaats van het te ontkennen of te verdedigen.

Stap drie: Maak een keuze om het los te laten. Beslis dat je het gaat veranderen.

Stap vier: Zoek steun en deel je verhaal. Onthoud dat dit iets anders is dan de pijn delen. Zoek in plaats daarvan iemand die je empowert en waar je het mee kunt delen: "Dit is wat er aan de hand is, hoe kan ik me er doorheen slaan?" Met steun kun je beginnen het bewustzijn in jezelf op te bouwen.

Stap vijf: Maak contact met je creatieve vermogen door je te herinneren of je voor te stellen hoe het was voordat je misbruikt werd. Er was - en is - iets magisch aan jou dat wordt overschaduwd door het misbruik verhaal.

Stap zes: Wees bereid om je genialiteit te ontketenen. Waag de sprong naar nieuwe gebieden, projecten en manieren van zijn.

Stap zeven: wees jezelf - echt, rauw, onbewerkt, ongecensureerd. Hier leef je voorbij je verhaal, voorbij je verleden, voorbij je realiteit.

DAGBOEK OEFENING: WAAR BEN IK ME BEWUST VAN?

Onderzoek de volgende vragen:

Welk bewustzijn heb ik al, waarvan ik niet erken dat het mijn realiteit op dit moment zou kunnen veranderen?

Waar was ik me van bewust voor het misbruik? Hoe was het om mij te zijn?

Wat zou ik nu willen creëren?

Wat kan ik nu kiezen dat me verder dan het oude verhaal van misbruik brengt en me inspireert tot een andere mogelijkheid?

Samenvattend hebben we hulpmiddelen voor verandering onderzocht om je te helpen een groter bewustzijn van je ware zelf op te bouwen - een zelf dat nooit gekwetst is geweest door de dingen die je zijn overkomen, maar dat begraven is geweest onder je verhaal van misbruik. Dit zelf - de magische jij - wacht alleen op jouw erkenning. Dit legt de macht van de keuze in het huidige moment en in jouw handen. Je kiest er nu voor om radicaal springlevend te zijn.

HOOFDSTUK ELF: JE ONDERBEWUSTE BESTURINGSSYSTEEM UPDATEN

Is het je ooit opgevallen wat er gebeurt als je het besturingssysteem van je computer niet bijwerkt? Oude, verouderde en beschadigde bestanden kunnen allemaal de prestaties van je computer ernstig vertragen. Zo is het ook met je onderbewustzijn. Er zijn zoveel geconditioneerde responssystemen, gebaseerd op overtuigingen die zich in ons lichaam vastzetten als we misbruik of trauma's hebben meegemaakt, zodat plotseling elke situatie een trigger en een reactie kan worden in plaats van een respons en een keuze. Wanneer je je onderbewuste programmering aanpast, laat je het verleden los, zodat je in het heden kunt genereren en creëren.

Losbreken van de leugens

Het moet je echt duidelijk worden dat het je eigen psychologie, denkwijze en overtuigingen zijn die de grootste leugens en de grootste moeilijkheden voor je creëren. Ze stellen regels en gedragingen op die je niet alleen verder afleiden van wie je bent en het leven dat je uit vrije wil zou willen leiden, maar die ook van invloed zijn op hoe je externe realiteit zich aan je voordoet. Dit wordt een self-fulfilling werkelijkheid die je 'bewijst' dat je in je leven nooit verder kunt na misbruik, dat je nooit het sterke, briljante, fenomenale wezen zult zijn dat je werkelijk bent.

De vraag is:

- Hoeveel meer misbruik heb je eigenlijk nodig om te kunnen groeien en om er last van te hebben?
- Wanneer zal genoeg, echt genoeg zijn?
- Wanneer kies je ervoor niet langer te leven met de leugens die je hebt leren belichamen als jouw werkelijkheid?

DAGBOEK OEFENING: BEWUST WORDEN VAN DE LEUGENS

Schrijf nu 10 dingen op waarvan je weet dat je die in je leven gecreëerd hebt, die op leugens gebaseerd zijn. Bekijk ze vanuit het perspectief van je lichaam, je financiële perspectief, je relatieperspectief, je carrière of baanperspectief, de manier waarop je tegen jezelf praat, en hoe je met jezelf en anderen omgaat. Vergeet niet dat dit een oefening is in bewustwording, niet in zelfveroordeling.

Voorbij het oordeel over jezelf of anderen

Als je over jezelf oordeelt, sluit je jezelf verder op in je verkeerd zijn. Om de een of andere reden is het een enorme geruststellende gedachte te weten hoe fout je bent, hoe slecht je bent, hoe afschuwelijk je bent, enzovoort. En dat is de echte epidemie, en een voedingsbodem voor meer misbruik. Het houdt je ook vast in een patroon, dat je garandeert dat je nooit meer hoeft te zijn dan je op dit moment bent.

DAGBOEK OEFENING: HET OORDELEN ONDERZOEKEN

Hoeveel oordelen heb jij over jezelf, dat je fout bent en dat je slecht bent?

Hoeveel oordelen heb jij over jezelf als 'bedorven waar' of als iemand die beschadigd is?

Hoeveel van deze oordelen heb jij tot je 'uitwijkpositie' gemaakt, zodat je nooit verder komt na misbruik en altijd terugkeert naar het comfort en de veiligheid van wat je kent?

Merk op waar je deze vragen in je lichaam ervaart. Waar je het ook voelt, dat is waar je oordelen vasthoudt.

Wanneer je oordeelt over iemand anders, ben je in feite aan het verdedigen, loskoppelen, ontkennen en dissociëren van wat je niet bereid bent in jezelf te zien. Dit komt omdat anderen je weerspiegelen wat je eigenlijk in jezelf veroordeelt. Dit houdt je gevangen in een bekrompen kijk op wie je werkelijk bent. Dus telkens als je met de vinger wijst naar wat er gisteravond gebeurde, of vorige week, of vorige maand, of 20 jaar geleden, ben je in werkelijkheid aan het ontkennen, dissociëren, loskoppelen en aan het verdedigen tegen iets waar je zelf niet verantwoordelijk voor wilt zijn. Dit is waarom het zo confronterend is om het los te laten. Het is ook hoe je opgesloten blijft in de kooi.

Omdat oordelen gaat over het devalueren en verloochenen van wat je niet in jezelf wilt en kunt zien, veroordeel je of projecteer je het op een ander om de druk van jezelf te verlichten. Dit is echter niet de enige manier om die druk te verlichten. Als ik bijvoorbeeld met een cliënt werk, laat ik hem deze druk, deze oordelen, energetisch aan de aarde geven. Je kunt je oordeel ook stapsgewijs loslaten. Mijn gevoel is echter dat, als je gewend bent een leven lang over jezelf te oordelen, je altijd op zoek bent naar monumentale veranderingen in je leven, omdat je gelooft dat er iets moet veranderen voordat jij in orde kunt zijn. Maar succes kan slechts één graad van verandering zijn.

ENERGIE OEFENING: JE OORDELEN LOSLATEN IN DE AARDE

Het oordelen schakelt je uit en verbreekt de verbinding met je lichaam, dus de eerste stap om verder te gaan dan oordelen is door weer in contact te komen. Ga in een rustige ruimte zitten, sluit je ogen en haal een paar keer diep adem. Adem door je mond, zodat je lichaam en geest verbindt. Expandeer je energie diep in en door de aarde. Grijp alles beet waar je een zwaarte of dichtheid voelt en gooi het naar de aarde met een grote zucht. Dit is een gift aan de aarde. Als je je oordelen aan de aarde aanbiedt, bevrijdt dat je lichaam van de dichtheid en het gewicht die voorkomen dat vrijheid, ruimte en waarheid jouw werkelijkheid zijn. De aarde is letterlijk de plek waar geen oordeel is.

Alles uit ons lichaam dat we aan de aarde geven en bijdragen, wordt verbruikt door de aarde. Het wordt als brandstof voor de aarde en kan haar regenereren. Het kan uit ons lichaam worden gehaald, zodat we het niet meer hoeven te dragen, en gebruikt worden voor het welzijn van de aarde.

Bied je oordelen aan de aarde aan als een bijdrage. Dit zijn onder andere je oordelen over het volgende:

- Je moeder, vader, zus, broer, grootouders, tantes of ooms
- Je lichaam en bepaalde lichaamsdelen, je voorkant, je achterkant, eventuele littekens die je hebt of chronische pijnen en kwalen
- Je misbruikers

Laat ze allemaal gaan. Bied ze allemaal aan de aarde aan als een geschenk en bijdrage. Breng dan je energie terug in jezelf zonder je oordelen, omhoog vanuit de aarde. Ontvang van de aarde. Expandeer je bewustzijn nu naar buiten en merk op wat je gewaar bent in je lichaam. Ben je lichter of zwaarder? Heb je meer ruimte of minder ruimte?

Je kunt je oordelen steeds weer loslaten in de aarde tot je een besef van vrede en mogelijkheden krijgt.

Genereren vanuit het verleden

Als je nog steeds vasthoudt aan de giftigheid van je verleden, leef je in feite je leven als het kind of de jongere versie van jou die misbruikt werd. Wanneer je misbruikt bent, kunnen sommige van de meer typische positieve menselijke reacties en interacties afstandelijk aanvoelen, alsof ze niet bij je horen of je ze niet kunt bereiken. Vriendelijkheid kan eigenaardig aanvoelen. Dankbaarheid en vrijgevigheid zijn ongemakkelijk en belastend. Liefde kan gevaarlijk aanvoelen.

Alle plezier en speelsheid is misschien uit je verdwenen met de schok en het trauma van wat er is gebeurd en vervangen door hyperalertheid, controle, starheid en dominantie. Alles wordt een verplichting en daarmee rem je de mogelijkheden om vooruit te komen in het leven af.

- Hoe komt je over je misbruik heen?
- Hoe werk je je onderbewustzijn bij en vervang je de oude, op misbruik gebaseerde overtuigingen door nieuwe overtuigingen die je weer verbinden met een meer positievere emotionele gesteldheid?

- Hoe herontdek je de dankbaarheid voor jou, jouw zachtmoedigheid en de liefde voor jou, opnieuw?

Wanneer je positieve aspecten van jezelf zoals liefde of spelen, grootmoedigheid van geest, of dankbaarheid probeert te omarmen, kunnen zich bepaalde situaties voordoen waarbij je denkt: "Ik weet gewoon niet hoe ik dit moet doen." Het is net als wanneer je computer je het bericht 'bestand niet gevonden' laat zien. Immers, als je de afgelopen decennia of langer hebt geleefd vanuit een staat van verhoogde waakzaamheid, controle en rigiditeit, hoe weet je dan wat die volgende stap is?

Je overtuigingen bijstellen

Als je computer vol stof zou zitten, zou je waarschijnlijk een bus luchtspray pakken om hem schoon te maken. Maar als het op onze binnenwereld aankomt, houden de meesten van ons die stofnesten precies waar ze zijn. We noemen dit vertrouwdheid of de comfort zone. Behalve dat onze comfort zone meestal behoorlijk oncomfortabel is. Ondertussen merk je dat je al het goede in je leven blokkeert en niet meer uitnodigt. Je zou kunnen zeggen dat je gelukkig bent, maar het is een bedrieglijk gevoel van geluk - het bestaat aan de oppervlakte en niet diep van binnen in je.

Tegelijkertijd merk je dat je pillen slikt tegen depressie, of andere dingen doet waardoor je je loskoppelt, of vermijdt hoe je je werkelijk voelt. Om het leven van bewuste keuze te leven, moet oude programmering die geworteld is in misbruik uitgezuiverd, opgeruimd en worden vervangen, anders blijf je maar heen en weer fietsen, tegen diezelfde muur of hetzelfde glazen plafond aanlopen, terwijl je ertegen worstelt en vecht. Maar je komt niet voorbij misbruik in een gevecht.

Je komt over misbruik heen door te leren anders te kiezen – door je leven te leven vanuit harmonie en vanuit eenheid met jezelf, naar een leven van onberispelijke integriteit.

Stap Eén: word je bewust

Net als bij een aantal concepten die ik je in dit boek heb voorgelegd, is de eerste stap bewustwording. Als ik mensen vraag of ze weten hoe ze de dankbaarheid, vriendelijkheid en liefde voor zichzelf kunnen herontdekken, antwoorden sommige mensen dat ze die nooit hebben gehad. Maar zelfs als je misbruik twee dagen na je geboorte is begonnen, dan had je tenminste één dag waarop je niet werd misbruikt. Er was dus een moment waarop je een ervaring had van dankbaarheid, vriendelijkheid en liefde. Je hebt misschien meer ervaring gehad met hyperwaakzaamheid, dominantie en misbruik, maar toch was er ergens een moment waarop je bestond buiten het misbruik.

Stap twee: erken wantrouwen

De tweede stap is te onderkennen hoezeer je anderen wantrouwt. Scepsis en oordeel houden de kooi op zijn plaats. Het is als een andere versie van de kooi van misbruik. Wantrouwen, scepsis, oordeel, hyperwaakzaamheid, dominantie en controle vormen allemaal verdere muren van je kooi, die je gevangen en beperkt houden.

Stap drie: laat je muren neer

Om de onbewuste programmering die de kooi op zijn plaats houdt te vervangen, zul je je muren neer moeten halen. Er is een sterke vastberadenheid voor nodig, die ik soms een "volharding van bewustzijn" noem, om "nee" te zeggen tegen de manier waarop je misbruik wordt vastgehouden in je hoofd en opgeslagen in je lichaam. Je moet beginnen met het loslaten van die besluiten, oordelen en conclusies die je maakte toen je één dag oud was, of drie jaar oud, of acht jaar oud, of hoe oud je ook was toen het misbruik begon. Onthoud dat ze destijds gemaakt zijn om je te helpen, maar dat ze deel uitmaken van een verouderde programmering. Ze helpen je niet langer.

DAGBOEK OEFENING: BEWUST WORDEN

Noteer de situaties, ervaringen, tijden, plaatsen, mensen en situaties in je leven waarin je vriendelijkheid, liefde en spelen zou willen omarmen, maar hoe meer je ernaar verlangt, hoe meer je knokt en tegen de tralies van de kooi aanduwt.

WAAROM HOU JE ZO VAN DE KOOI?

Onderdeel van uit de kooi stappen is toegeven dat een deel van jou 'houdt' van de vertrouwdheid en het comfort ervan. Ik zeg dit uiteraard zonder oordeel. Als mensen blijven we doen waar we van houden. Waarom houd jij van de strijd?

- Voelt het veiliger?
- Voelt het eng om kwetsbaar te zijn?
- Ben je bezorgd dat het maken van veranderingen anderen zou kwetsen?
- Ben je in staat om onzekerheid te tolereren wanneer je aan de toekomst denkt?

Dit is het soort ideeën of overtuigingen die vooruitgang, risico's nemen en dingen anders doen in de weg staan. Het probleem is dat steeds weer dezelfde dynamiek je leidt tot een oordeel over jezelf. Dit zorgt op zijn beurt voor afscheiding van anderen, wat vervolgens tot uitsluiting van anderen leidt. Zolang er een voordeel zit aan het bewaren van die oude dossiers en het niet legen van je prullenbak, garandeer je jezelf dat je altijd het slachtoffer van je verleden zult blijven en opgesloten in de kooi. Je zult doorgaan met het gedrag dat je gebracht heeft tot waar je nu bent. Je zult jezelf nooit toestaan verder te gaan dan een gelimiteerde staat van realiteit. Dit houdt je letterlijk getrouwd met je realiteit van misbruik.

Dus als je je onderbewuste besturingssysteem niet bijwerkt, lijk je als het ware voorbestemd voor een gebroken hart. Je creëert een rampzalig leven, of je bent on-uitnodigend naar geld, of je beëindigt een volgende relatie.

JOUW OVERTUIGINGEN

Je overtuigingen over hoe je moet reageren op de wereld zijn gebaseerd op wat je geleerd hebt. Ze zijn ontstaan vanuit het perspectief van het trauma.

- Als ik aandacht krijg, zal ik misbruikt worden.
- Als ik gezien word, zal ik misbruikt worden.
- Als ik naar iemand kijk, zal ik misbruikt worden.
- Als ik iemand zie, zal ik misbruikt worden.

- Als ik naar buiten ga, zal ik misbruikt worden.
- Als ik iets doe dat belangrijk is, zal ik misbruikt worden.
- Als ik me uitspreek, zal ik misbruikt worden.
- Als ik iets zeg, zal ik misbruikt worden.
- Als ik iets doe dat anders is, zal ik misbruikt worden.

Als dit soort achterhaalde overtuigingen nog steeds je leven bepalen, gedraag je je nog steeds alsof de beslissing die je nam toen je misbruikt werd, waar was. Je opereert nog steeds vanuit de filters van je jongere ik, en reageert nog steeds op de mentale programmering die lang geleden is gecreëerd.

JOUW TRILLINGSFREQUENTIES

In wezen trekken je huidige onbewuste overtuigingen meer misbruik aan vanwege de resonantiefrequentie van misbruik - je vibratie in het algemeen - en uiteindelijk resoneer je met anderen in diezelfde frequentie. Dat betekent niet dat er iets mis is met je of dat je iets mankeert omdat het blijft gebeuren. Dit is waar mensen horen over de Wet van de Aantrekkingskracht en in de war raken en denken dat zij het misbruik creëren. Ik 'creëerde' het niet echt, maar ik zat gevangen in de frequentie ervan. De muren van de kooi die ik als mijn werkelijkheid beschouwde - en de informatie die in mijn onderbewuste besturingssysteem was opgeslagen - betekenden dat andere mensen met een soortgelijke frequentie met mij konden matchen.

Dus als één van die dingen die ik noemde met je resoneert, dan zijn het je overtuigingen die je in conflict houden met radicaal springlevend zijn of zelfs maar aanwezig zijn in het hier en nu. Zolang je functioneert vanuit het verleden en de overtuigingen die daaruit gevormd zijn, zul je altijd in de resonantiefrequentie van misbruik zijn.

VOED JE GEEST MET WAT JIJ WILT

Verandering van overtuigingen betekent 'weg bij het oude, welkom bij het nieuwe'. Het zal wat speurwerk en inspanning kosten om daadwerkelijk te weten te komen wat voor levensstandaard je zou willen hebben. De manier om dat te doen is de ruimte of situatie in je leven te vinden waar je het gelukkigst bent.

- Waar voel je je het prettigst in je lichaam?
- Wanneer voelde je je veilig en beschermd, en tegelijkertijd ook levend?

Kijk welke situaties dat zijn en begin ze in je lijf te verankeren als nieuwe ervaringen. Dit zal je in staat stellen om van binnenuit te beginnen met het leggen van een nieuwe fundering voor je leven, vanuit een nieuwe reeks keuzes die je tot je beschikking hebt. Je kunt ook actief beginnen te kiezen voor de kwaliteiten die jij belangrijk vindt, zoals vriendelijkheid, vrijgevigheid, dankbaarheid en liefde. Je moet actief kiezen voor meer plezierige ervaringen die lichtheid en ruimte in je lichaam brengen, zelfs als ze in het begin vreemd aanvoelen.

Om je overtuigingen te veranderen, moet je eerst kiezen voor jezelf. Je moet kiezen voor wat er nog meer is, dan wat je is opgedrongen. Je moet kiezen met een vasthoudendheid van bewustzijn, een radicale levenskracht en een krachtige aanwezigheid. Je moet de keuze maken om "nee" te zeggen tegen wat je niet wilt en "ja" tegen wat je wel wilt.

Dit is het punt dat de meeste mensen over het hoofd zien. Ze 'proberen' de nieuwe kwaliteiten van blijdschap en expansie uit en het voelt niet als een match omdat ze niet gewend zijn om op die frequenties te resoneren. Dus zeggen ze, "Dat is gewoon niets voor mij," en gaan dan terug naar de oude, vertrouwde manier. Als je dat doet, dan capituleer je voor het misbruik. Als je dat doet, zeg je dat je niet vriendelijk, of gul, of dankbaar bent. Als je dat doet, zeg je dat je geen liefde bent. En dat is een regelrechte leugen.

Je bent al aardig, gul, dankbaar en liefdevol.

De meesten van ons die zijn misbruikt, zijn de meest vriendelijke, zachtaardige, kwetsbare, wijze, intelligente, prachtige wezens die ik ooit op deze planeet heb ontmoet. Je kunt ervoor kiezen om in deze authentieke plek van jezelf te komen in plaats van de realiteit die je is opgedrongen. Ook al is het alleen maar je pinkje in het begin, vind ergens in je lichaam een plek die weet dat het de weerspiegeling is van vriendelijkheid, grootmoedigheid, dankbaarheid en liefde - ergens in je lichaam een plek die weet dat wanneer je in de natuur bent, op de aarde, in de lucht, met het universum, dat zich daar alleen maar vriendelijkheid, grootmoedigheid, vrede en kalmte bevinden. Als je dat kunt doen, zul je je leven beginnen te veranderen.

Het klinkt misschien belachelijk dat het voor sommige mensen alleen maar een pinkje waard is, maar zelfs dat kan een enorme verschuiving zijn. Soms is dat pinkje de enige plek waar een dokter of een verpleegster iemand heeft aangeraakt toen hij geboren werd en is het de enige liefdevolle aanraking die ze ooit hebben gehad. Ik weet dat ik hier een extreem voorbeeld gebruik, maar ik werk vaak met mensen die zeggen dat ze nog nooit een liefdevolle aanraking in hun leven hebben ervaren. En hoewel dit grotendeels waar kan zijn, willen we ook kunnen putten uit de allerkleinste hoeveelheden liefde, vreugde en dankbaarheid die we hebben gekend, en beginnen die te expanderen zodat ze onze werkelijkheid worden, in plaats van dat ze de uitzondering zijn, zoals ze voorheen misschien waren.

Je moet het plaatsvinden waar deze kwaliteiten bestaan als een ruimte van authenticiteit in je lichaam en daar optimaal gebruik van maken.

ENERGIE OEFENING: ENERGIE EN BEWUSTZIJN IN JE LICHAAM EXPANDEREN

Zodra je de ruimte in je lichaam ontdekt die weet wie jij werkelijk bent, laat dat deel dan glimlachen. Zelfs als het maar een seconde was van een liefdevolle aanraking toen je een baby was, laat dat zich dan uitbreiden naar je volgende vinger, en naar de volgende vinger, en de volgende vinger, en de duim, en dan de hand, en sta dan toe dat het de arm in gaat.

Zelfs als je je niet kunt herinneren dat je een liefdevolle aanraking van een ander hebt gekend, put dan uit je eigen bronnen. Begin te denken aan alle momenten in je leven waar je je vreugdevol en vrij voelde en stem af op je aangeboren vriendelijkheid, grootmoedigheid van geest, dankbaarheid en liefde die je werkelijk bent voorbij wat je ervaren hebt. Expandeer het, totdat het groter en groter wordt. Zodat het niet langer alleen het pinkje in je lichaam is, het is nu driekwart van je lichaam. En dan zal het uiteindelijk je hele lichaam worden.

Met oefening, heel veel oefening, zul je merken dat je een nieuw besturingssysteem hebt, gebaseerd op de waarden die je op moleculair niveau daadwerkelijk hebt.

Samenvattend hebben we onderzocht hoe je overtuigingen de show hebben geregisseerd. Om te veranderen wat er in je onderbewuste besturingssysteem zit, moet je een doelbewuste poging doen om je bewust te worden van de oude programma's die je aansturen en verouderde overtuigingen verwijderen die je niet meer van dienst zijn of het leven dat je wenst. Dan heb je de keuze om actief te beslissen aan welke overtuigingen je de voorkeur zou geven om je te steunen in het zijn van wie je bent en wat je wilt uitdragen, en begin deze nieuwe kwaliteiten en ervaringen in te voeren, hoe onwennig het in het begin ook lijkt. En vanaf nu ben je er klaar voor om radicaal springlevend zijn te omarmen.

12

HOOFDSTUK TWAALF: RADICAAL SPRINGLEVEND LEVEN

Ik ben geen slachtoffer, noch een overlever, en echt niet eens een doordouwer. Ik kies ervoor om radicaal en orgastisch springlevend te leven met een krachtige aanwezigheid in en vanuit mijzelf. Ik ben de katalysator die mijn realiteit genereert en creëert vanuit wat voedend en leuk voor me is. Ik zal nooit meer toestaan dat iemand voor mij kiest en dat is een keuze op zich, om me niet aan te sluiten bij het etiket van deze realiteit van slachtoffer, overlever of doorzetter.

In een zeer reële zin heb je tot nu toe in een staat van doodsheid geleefd als gevolg van het misbruik. Nu is het echter tijd om over te stappen op iets heel anders - een radicaal springlevend leven leiden - en met de ideeën die hier worden gepresenteerd, is dat een reële mogelijkheid.

Een radicaal springlevend leven leiden betekent niet dat je geen woede, verdriet, of een van de andere gevoelens die we ervaren als gevolg van misbruik zult hebben. Het betekent dat je je op je gemak zult voelen bij het uiten van de emoties die je wel hebt. Je zult toegang hebben tot een krachtiger expressie van alle aspecten van jezelf.

Stel je voor dat al je vitaliteit die opgesloten zit in opgekropte woede en verdriet, alle magie die is weggenomen door schaamte, alle wijsheid van je lichaam die om zeep wordt geholpen door angst - stel je voor dat dat allemaal tot je beschikking staat. Als je radicaal springlevend leeft, hoef je niet langer te proberen je wereld onder controle te houden om jezelf veilig te voelen, of gewoon maar routinematig door te gaan in je relatie met jezelf, je lichaam, je partner, je werk en je bankrekening.

Dus de eerste vraag is, ben je bereid om jezelf te zijn?

Ben je bereid jezelf te zijn?

Ken jezelf.

> — *OUD GRIEKS GEZEGDE,*
> *GEVONDEN IN DE TEMPEL VAN*
> *DELPHI.*

Jezelf zijn betekent de waarheid over jezelf kennen buiten je rollen, verplichtingen, geslacht, opleiding, diploma's of certificaten, baan, of wie je bent in je relaties, om. Het betekent ervoor kiezen om alles te zijn, te doen, te hebben, te genereren en te creëren buiten wat iemand anders je heeft geleerd of voor je heeft gedefinieerd. Dit diepe weten in jezelf - je ware zelf - zal je bevrijden van de doodsheid van het misbruik, je bewust maken voor de plezierige gewaarwordingen van het leven in je lichaam, en je helpen te communiceren met je lichaam om toegang te krijgen tot diens innerlijke wijsheid.

Ben je er klaar voor om de geschenken te ontvangen die het universum voor je heeft en opnieuw te kiezen voor plezier en mogelijkheden in je leven?

Wat weiger ik te zijn?

Een van de manieren die ik heb gebruikt om mezelf los te maken uit de greep van de conditionering was door te vragen:

- Wat weiger ik te zijn?
- Wat weiger ik te zijn dat, als ik het gewoon zou zijn, het me makkelijker zou maken om mezelf te zijn en wel meteen?

Ik weet niet hoe het precies gebeurde, maar ik weet nog wel dat ik wakker werd met het besef van mijn keuze: ik was de realiteit van iemand anders aan het leven. Ik begreep dat dit gebaseerd was op alle referentiepunten die ik in dit leven had gecreëerd, wat me een gevoel van schijnveiligheid gaf. Mijn werkelijkheid was gebaseerd op alle referentiepunten van mijn familie, mijn opvoeding, waar ik vandaan kwam, wat mijn ervaringen waren, enzovoort. En ik realiseerde me dat dit me ongelukkig maakte. Ik probeerde mezelf onbewust verder te vernietigen. De vraag: "Wie weiger ik nu te zijn?" kan je echt helpen om uit deze cyclus te breken.

Zelfs in mijn leven nu, als ik merk dat ik me niet zo levendig voel als voorheen, vraag ik me af: "Oké, wie of wat weiger ik nu te zijn?" Ik zou kunnen ingaan op hoe verkeerd ik ben en hoe slecht ik ben, waar we voor geprogrammeerd zijn, maar de realiteit is dat als je jezelf een vraag als deze stelt, je uit het oordelen kunt stappen en een keuze kunt maken.

DAGBOEK OEFENING: WAT WEIGER JE TE ZIJN?

Jezelf een vraag stellen zal voorkomen dat je terugvalt in je oude conditionering die meer angst, onrustige slaap, afstand en verwijdering creëert. Een vraag zal je helpen meer contact en verbondenheid te creëren.

Weiger je om de schoonheid van jezelf te zijn?

Weiger je de spreker te zijn die je zou kunnen zijn?

Weiger je de schrijver te zijn die je werkelijk bent?

Weiger je de marathonloper te zijn die je weet dat je bent?

Weiger je de leraar te zijn waartoe je geroepen bent?

Weiger je te zijn wat je gelooft dat waar is voor jou en waarvoor je hier bent?

Hoe kan ik dit kiezen?

Als je je eenmaal hebt afgevraagd wat je weigert te zijn, is de volgende stap jezelf af te vragen:

- Hoe kan ik daarvoor kiezen?
- Wat kan ik doen zodat ik ervoor kies om dat nu te zijn?

Maar het gaat nog dieper dan dat. Wat als ik mezelf niet langer toestond mijn eigen kracht te verbergen?

Wat als je jezelf nooit toestaat je eigen kracht te verbergen?

Weet dat jouw kracht niet buiten je te vinden is, maar juist in jezelf. Op elk moment kan ieder van ons ervoor kiezen op te staan en te doen wat nodig is. We kiezen wat we weten dat het beste is op elk moment, en zelfs als we het niet weten of denken niet te weten, kiezen we toch op basis van wat de mogelijkheden verruimt. Wanneer je jezelf de vrijheid geeft om in elk moment te kiezen, ga je van doodsheid naar radicale levendigheid.

LEVEN VOORBIJ HET VERHAAL

Wat ik heb gemerkt op mijn eigen reis is dat ik nu zo ver weg ben van mijn verhaal dat ik het niet langer filter door de perceptie van oordelen. Er is een geluk en vrijheid die komt door verder te gaan na het oordeel. Oordelen was er altijd al. Het is altijd bij me geweest. Ik was er zo aan gewend dat ik het bij me droeg zonder het te beseffen.

Leven zonder oordeel brengt een diep gevoel van oké zijn met wie je bent. Terwijl we dit werk doen, zal een dieper gevoel van begrip over je ervaring van misbruik over je heen komen.

Het is een gevoel van, "Het heeft me niet te pakken gekregen.
Het kon me mijn ziel niet afpakken. Het kon niet alles van
me afnemen.
Ik ben nog steeds wie ik ben en wie ik was, ik ben alleen
maar beter."

Ja, het misbruik heeft plaatsgevonden. Het kan zo zijn geweest dat iemand anders met zijn handen aan je zat. Maar dat was sowieso nooit echt jij. Het waren zij die hun realiteit aan jou opdrongen. Wie zegt dat je, alleen omdat er een trauma is gebeurd, iets anders moet worden dan wie je was? Dus in plaats van je macht weg te geven aan een gebeurtenis of een misbruiker - iets dat in de eerste plaats nooit echt iets met jou te maken had - waarom niet terugkeren naar wie je bent en wie je altijd bent geweest en dat ontketenen?

Alleen omdat de wereld het trauma, misbruik of PTSS (posttraumatische stressstoornis) noemt en er bepaalde dingen zijn die je als gevolg daarvan wordt verondersteld te ervaren, wil dat nog niet zeggen dat je dat ook daadwerkelijk moet. Je zou kunnen kiezen om er anders naar te luisteren, hier iets anders waar te nemen, te weten, te zijn, en te ontvangen. Dit is de kern van radicaal springlevend leven.

Vergeving

In het oude paradigma van genezing van misbruik leren we dat we moeten vergeven om te kunnen genezen. Vergeving is echter voor niemand anders dan voor jezelf. Vergeven, in zijn meest basale betekenis, betekent loslaten. Het is een manier om te zeggen: "Ik ben vrij en jij bent ook vrij."

Vergeving is voor jou als je ervoor kiest een sprong voorwaarts te maken.

Een deel van mijn reis is geweest om al mijn daders te bedanken, zowel de mannen als de vrouwen, voor het me zo duidelijk maken wat voor fenomenale bijdrage ik aan deze planeet kan leveren en het verschil dat ik kan maken. Er schuilt een vriendelijkheid, een intelligentie, een zorgzaamheid en een gevoeligheid in mij die in ieder van ons schuilt. Als ik niet bereid was geweest om door te maken wat ik heb doorgemaakt, om dat te kiezen, had ik misschien niet de woorden en de ervaring gehad om mijn radioprogramma te brengen, of dit boek, of de duizenden mensen te faciliteren die ik heb geholpen. Tegenwoordig beschouw ik mijn leven als een mogelijkheid tot posttraumatische groei.

Ik zeg niet dat we lessen zoals misbruik nodig hebben. Ik zeg dat we iets anders kunnen kiezen, namelijk plezier, mogelijkheden, het genereren en het creëren, een verschil maken, bewustzijn verspreiden, empoweren, genialiteit, en echt in onze eigen kooi reiken om daarmee een helder licht te laten schijnen dat zegt: "Geen leugens meer. Geen misbruik meer!" En we kunnen anderen helpen hetzelfde te doen.

Ik zeg vaak tegen cliënten: "Het is nooit te laat om je jeugd te veranderen en het is nooit te laat om te veranderen. En je weet nooit wat er kan gebeuren met die mensen in je leven die je misbruikten." In mijn eigen geval, beleefde ik een grondige omslag met mijn moeder. We zijn allebei gegroeid en veranderd, waardoor we een prachtige, liefdevolle relatie hebben kunnen ontwikkelen. Dit is een geschenk dat ik me nooit had kunnen voorstellen. Nu, op mijn 50ste, heb ik de ervaring hoe het voelt om een moeder te hebben en wat onvoorwaardelijke liefde is. Het is echt wat ik altijd van haar heb gewild en nu is het zo. De cirkel van het verleden is rond en is opgelost. Het enige dat telt is dat ik van mijn moeder hou en dat mijn moeder van mij houdt. Ik ben vrij. En zij ook.

Het is moeilijk om een boek als dit te schrijven. De waarheid is niet altijd mooi. Maar we genezen en groeien en veranderen als we dit werk doen en vaak doen degenen die ons misbruikt hebben dat ook. Dit is de genade van radicaal en orgastisch springlevend leven. Ben je hier klaar voor? Ben je klaar voor meer levenskracht?

Universum, laat ons de wonderen zien en laat ons allen
bevrijd zijn!
En zo is het!

ENERGIE OEFENING: EXPANDEREN NAAR RADICAAL SPRINGLEVEND

Sluit je ogen en leg je handen op je thymus en schaambeen. Adem 3 keer in door je mond en zeg:

"HALLO LICHAAM! HALLO LICHAAM! HALLO LICHAAM!

HALLO MIJ! HALLO MIJ! HALLO MIJ!

HALLO AARDE! HALLO AARDE! HALLO AARDE!"

Expandeer je energie om de vier hoeken van de kamer waar je bent aan te raken en adem. Adem uit zo ver als je kunt, omhoog, omlaag, rechts, links, voor en achter. Adem in via je voorkant, adem in via je achterkant, adem in via je rechterkant, en adem in via je linkerkant. Adem omhoog vanaf je voeten en omlaag naar je hoofd. Herhaal alle "Hallo's" hierboven. Zeg hardop:

"IK BEN VERANDERD EN IK WEET DAT IK VERANDERD BEN, EN IK WEET DAT IK VERANDERD BEN, OMDAT ______________ (vul de lege plek in)."

Zeg dit 3 keer. Open je ogen.

Merk op hoe je je voelt of je een verandering voelt in je energie.

Het misbruik op de wereld loslaten uit je lichaam

Degenen onder ons die misbruik hebben meegemaakt zijn vaak gevoelig voor de ervaring met misbruik van de hele wereld, omdat we weten hoe het voelt, ruikt en smaakt. Het kan voelen alsof ons lichaam op die manier hyper-waakzaam geprogrammeerd is. Het is als een antenne om te ruiken, te proeven en te weten waar het misbruik zich bevindt. Ook als we ons niet gewaar zijn ervan, cognitief, bewust of visueel, ons cellulaire geheugen is dat wel.

Vraag jezelf
De zwaarte die ik opmerkte als ik me gewaar werd van het misbruik van anderen, is dat van mij?

En, is het in mijn belang als ik me erop blijf afstemmen en het via mijn zintuigen ervaren?

Je hebt nu een keuze. Jullie hebben de keuze om te luisteren naar de fluisteringen van alle stemmen, van alle misbruik tot in de eeuwigheid die ons allen oproept ons in te zetten. Maar wat misschien belangrijker is, is dat je de keuze hebt om die fluisterstemmen te horen en te zeggen: "Genoeg. Het is tijd om het misbruik dat ik mijn leven heb laten beheersen achter me te laten." Geen misbruik meer, begint bij jou en jouw keuze, hier en nu.

Ik vraag me dus af... wat ga jij kiezen?

Ik zeg:

1 2 3 4 ROAR

Geen misbruik meer!

BIO

Dr. Lisa Cooney, PhD, LMFT, is een vooraanstaand expert op het gebied van persoonlijke transformatie en traumaherstel, met een focus op zielentherapie, lifecoaching en spirituele transformatie. Als bedenker van de baanbrekende Live Your ROAR® heeft ze duizenden levens getransformeerd, mensen geholpen om kindermishandeling te overwinnen en een "Radically Orgasmically Alive Reality" (ROAR®) te bereiken. Het werk van Dr. Lisa is geworteld in haar "Ik wil het!... Hoe dan ook!"-filosofie en de principes van kiezen voor jezelf, toewijding aan groei, samenwerking met het universum en het creëren van het leven waarvan je droomt.